誠意が国を越えて人を動かす

海外市場開拓にかけたビジネスマン半世紀

平野藤一郎
（日本精工　元取締役）

読者の皆様へ

道を切り開く——。平野藤一郎さんの歩いて来られたビジネスマン、経営者としての人生を見ると、そんな思いがする。

太平洋戦争の敗戦から立ち直るべく日本人一人ひとりが懸命に働き、走り続けていた1960年代は、日本の国内市場も高度成長の好景気に酔いしれていた。そして海外への輸出がそれにオンされ、年率10％前後の高度成長を実現していた。

そうこうしているうちに1971年にドルショック、そして第一次石油ショックが発生、がらりと経済構造、産業構造が変わってしまった。

戦後、世界の基軸通貨となった米ドルは金との兌換ができなくなり、通貨は変動相場制へ移行し、このあと日本円はいわゆる円高の道をたどることになる。

また、石油はそれまで低廉で大量に購入できるというエネルギー資源であったが、産油国の資源ナショナリズムにより従来の4倍も高い原油時代に突入。日本の産業界も経営の大前提が変わったことから、事業の再構築を迫られることになった。

そのとき平野さんが所属しているベアリング最大手、日本精工は、プラントの輸出という当時としては大胆な発想で海外進出の戦略を開始。その先兵となったのが平野藤一郎さんである。

海外にものを売るのは輸出であって、海外生産はまだ発想として日本では浮かんでこなかった時代である。

当時、日本は資源高騰からくるインフレ、そしてその反動から来る不況に陥り、内需が萎み、倒産や失業も続出。

そういう困難な状況にあって、日本精工が着々と手を打っていた海外生産基地は威力を発揮し、同社の経営を安定させた。

いまグローバリゼーションが叫ばれ、日本の企業の海外生産は当たり前のこととなったが、当時の海外進出は困難を極めた。

そういうときに日本精工中興の祖と言われる今里廣記氏は海外進出の責任者に若き平野さんを据え、積極的に海外事業を推進。平野さんは得意の語学力を駆使し、さらには提携や商談などの交渉相手の懐に飛び入り、まず人間関係を構築し、事業を推し進めた。

本書のタイトル『誠意が国を超えて人を動かす』のタイトルが示すように、国の内外を問わず、事業の成否を決めるのは、人の『誠意』である。

歴史、風土、習慣、文化の違いから交渉がときに破談し、提携も座礁することがある。平野さんもそういう場面に何回も遭遇しておられる。

そうした場面をいかに乗り越えていくかは本書を読んで確認していただきたいが、詰まるところ、『誠意』が土壇場で相互の理解を推し進めるということである。

「経営は人なり」と言われる。これはＩＴ時代、ネット時代の今日においてもなおさらそうである。会社組織は人の集団であり、人がいかにその潜在力を発揮していくか。若い読者の方もこれから上司や同僚、あるいは取引先との人間関係において、喜び、感動、達成感などを得る反面、時に怒り、失望、落胆を経験することもおありだと思う。そのときにどう対処していくか。これも人間力である。

そうした人間力を本書から掴んでもらえるものと思います。

『財界』主幹・村田博文

目次

まえがき

ご存じの如く、さる3月11日午後、東日本大震災が勃発、それに続いて高さ8mを超える大津波が東北地方の太平洋岸を襲った。4日後の15日早朝、東京電力福島の原子力発電所で大爆発音が発生し、放射性物質が流れ出した。今回の震災と津波は、東北経済の中心地をもろに引き裂き、一方、福島発電所からの放射能漏れは、原発パニックに広がった。以下、その影響を、添付図の株価（日経平均レート）と為替レートの動きで見てみよう。

株価が最も下落したのは、東電福島事故後の3月15日で、月初に比べて24％安。その後は、企業の復興努力が多少実ってかなり戻っているが、当時は、ソニー、トヨタ、メガバンクなど代表的銘柄が一時さばけなくなった。その前に東電は投げ売り状態で、14日―15日は、大引け時点でストップ安で取引された。

次に為替レート。3月17日は月初に比べて6％の円高。初めは何故そうなるのか判り難かったし、今でもいささか首をかしげている。為替レートがどうやって決まるのかについては、別項で述べるが、今回の場合、先ずは、大災害に対する保険金支払い拡大のシナリオを海外投資家が描いた―保険会社もスペキュレーター等もそう動いただろう―円需要の増大であったのだ。

然し、あまりにも異常な動きに対し、G7の財務省・中央銀行総裁らが、緊急の電話会議で「円売り」協調介入し、震災後の7日目、1ドル79円から82円に戻し、一応効果を挙げた。その後の動きについては、別項に譲る。

今回の大震災と大津波、それに福島の原発問題が加わると、折角リーマン・ショック以来の不況から回復しかけていた日本経済は、並大抵の努力と施策では、また元の経済地盤沈下に戻り、二番底を探る可能性がある。与党民主党は「東日本対策基本法案」を纏めたが（朝日新聞4月1日）、それによると、

（1）震災の被害額だけで、16兆～25兆円と試算（原発事故を除く）

（2）水没した土地，原発事故で住めなくなった土地の買い上げの検討

（3）東京電力への財政支援の検討、原発事故の被災失業者への休業補償

最近の為替と株価の動き

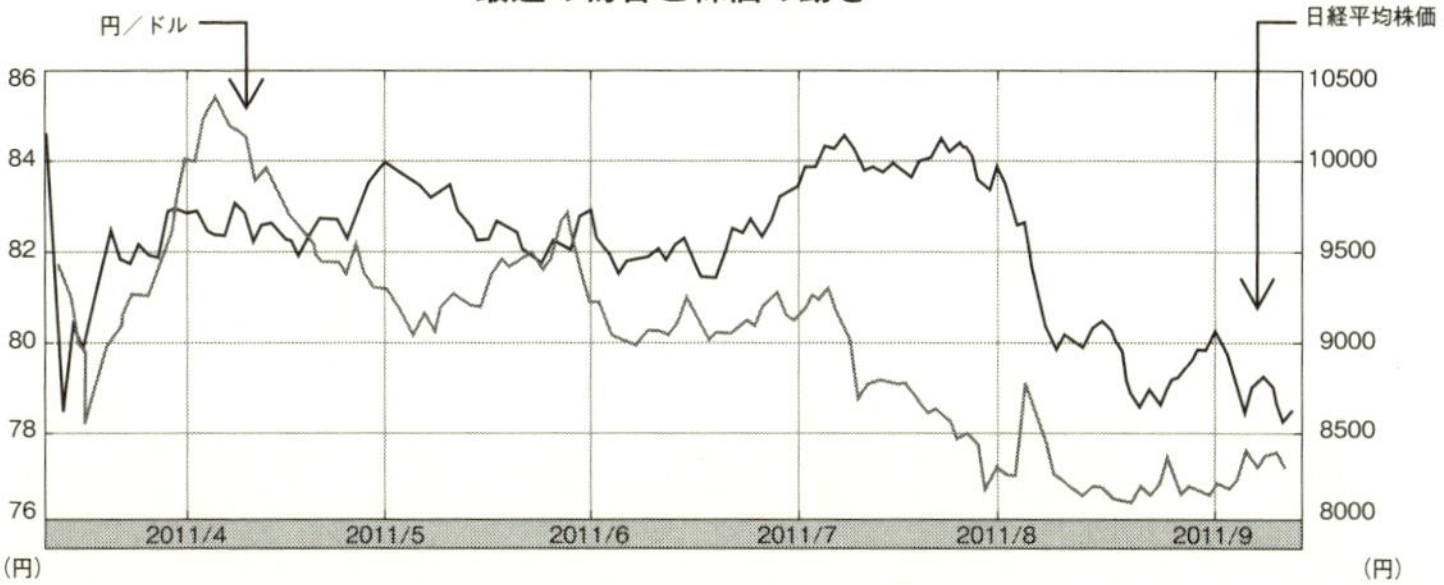

（4）震災国債の発行と日銀引き受けを検討。法人特別税、特別消費税、社会連帯税の創設検討

――とある。

何かせざるを得ないせっぱつまった状況にあることは、判るが、歳出の削減について何も触れていないことは一方的であり、不公平である。これまでの、こうした危機に対し、各国が取った対策で、効を奏したもののうち、少なくとも50％は歳出の削減によるものであったことを、当局者は知っている筈だ。

次に震災国債の発行であるが、（2）および（3）が急を要すること、および（1）の金額が原発事故関係を含めると更に大きく増えそうなことを思うと、この件は或る程度止むをえまい。問題は日本国家の長期債務残高が２０１

1年6月現在963兆円とGDPの2倍に上ること、またこの膨大な新規国債の引き受け手は日銀以外には見当たらず、日銀引き受けという禁じ手を使おうとしていること。つまり、紙幣を刷る中央銀行が直接引き受ければ、国債は幾らでも買い取れ、財政規律を失いかねない。そうなれば、国債の信用を失い、経済のファンダメンタルズは当然悪くなり、インフレと金利の上昇が起き、為替レートは円安になる。

また、特別消費税その他の増税も或る程度必要になろうが、この機会に、そしてその前に、思い切った歳出削減を行うべきであろう。効果の上がり易い重要な項目と骨子だけでも列挙してみると、

（1）道州制の採用

今の府県別制度の原型は、明治維新直後に制定されたもので、既に140年余り経っている。その間に第2次大戦、それに続く敗戦があり、また戦後の東西両陣営の対立も20年前に終わった。世界はグローバル化しており、この制度は内外共に適合しない面が多く、不要不急な業務と、それに伴う相当無駄な人件

費、物件費が使われている。この機会に、まずは東北州だけでも造り、傘下の6県は廃するとともに、後述官庁の省庁統廃合に先立った地域主権型道州制の嚆矢を試みる。その際、経産、国交、厚労、文科、農林の5省と総務省の電波監理部門を廃止し、この新しい州に仕事と権限を委ねる。(堺屋太一氏案より)

(2) 国会議員の定数是正と、歳費並びに経費の節減

道州制との関連もあるが、国民生活の向上のためには、ほとんど何もしないような議員が多いと思う。定数はいまの2分の1で足りると思う(3分の1という人もいる)。歳費そのものも割高であり、私用まで含めた各種交通費の国庫負担は考えられない。誰も自らの不利益を招きそうなことは、やりたくないであろうが、このたびの震災に当たり、自公民3党の議員が、歳費の3割を6カ月分寄付したと評価されている機会でもあり、これを良い前例として, ぜひ検討かつ実行してもらいたい。

(3) 省庁統廃合その他

省庁統廃合、規制緩和等については、これまでも幾たびかとりあげられたが、政治的に、或いは当局により葬りさられた。利害関係からであろう。他に埋蔵

金を0にすることや、東京の一等地に紙幣印刷所や，官吏の宿舎等が何故要るのか判らない。

考えれば、歳出削減の余地はまだまだ十分にある。ここで先ずは上記（1）と（2）だけでもやれれば後はやり易くなるであろう。


私は半世紀余りの間、ビジネスマンとして過ごした。その間約半分は会社経営者であり、また規模は小さいとはいえ、上場会社の代表取締役も務めた。会社の再建も果たしたが、仕事の殆どが国際関係に係わるものであった。今回の危機に比べれば、いささか小さいかもしれないが、ニクソン・ショック、2回のオイル・ショック、プラザ合意、アジア危機等の世界および日本の経済危機をのりきってきた。

私は過去の成功体験がそのまま役に立つなどとは決して思っていない。殊に世界がグローバル化した今日、寧ろそのような経験は忘れて、新しい情報の収集と活用に努めている。しかし、そのような場合、歴史は繰り返す訳ではないが、あの時と似たような事態に直面し、比較検討出来ることがある。また一種の勘も働く。この観点から、私の苦労した体験を読み、何らかの参考にして頂ければ幸いと思う。

なお、始めに今日本で起きている政治経済の状況を、いささか長々と書いたが、経済がこんなに政治に引っ張られて良いのか、とくと反省しているからである。

ビジネスと外国語

私は外国語を専門的に勉強した訳ではなく、従って語学者として外国語を採り上げる資格はあるまい。しかし、大学を出て社会人になってから半世紀余りの間、ほとんど全ての期間を国際関係の業務に費やした。もとよりその半分は、会社の取締役としてすごし、またその約6割は代表取締役として経営の任にあたった。だから時間的には国際業務に従ったのは7〜8割ぐらいであろうか。

私が2度目に移った会社が比較的小規模（ただし会社法上は大会社）であったせいもあり代表取締役副社長兼海外営業本部長、あるいは代表取締役会長兼海外本部長の肩書でとおし、かつ実務にしたがった。ある会合で、日本を代表する自動車会社の社長から「平野さん、貴方は会社の代表取締役会長でありながら、海外営業本部長を兼ねているんですって？　そんな無茶なことができるものですか？」と言われた。私は「お宅みたいな大会社では、それは無理かも知れませんが、私どもの規模では、この程度の役は引き受けざるを得ません。第一、現場がよく見えて、経営に役立ちますよ」と答えた。

国際関係の業務と言っても色々なことをやった。メーカーとして製品の輸出はもとより、一部輸入、三国間貿易（契約はA国とB国の間で行われるが、製品はC国

［第三国］から、直接B国へ輸出される）、プラント輸出（1単位の工場の機械設備をノウハウを付けて輸出し、ターンキーベースで相手方に渡す）、海外支店の設置と経営、海外工場進出など、これらはほとんど全て会社として初めての経験が多く、私は仲間の知恵と協力を得ながらも、先輩企業、関係当局、弁護士などに、つてを求めて訪ね、勉強しながらやった。

商売である以上、何がしかのリスクはある。内外の同業者との競争や、要らぬおせっかいもある。しかし、経験を重ねていくうちにリスクの回避と成功率が高くなってきたのはあり難かった

私が訪問した国は80数カ国。米英の先進国から、アジア、中東の新興国、資本主義国もあれば社会主義国もある。またキリスト教、仏教、イスラム教、ロシア正教等、異なった宗教の国々を訪ねて商談ないし会談した。話し合うからには言葉を使うことになり、また、商談或いは会談する場合、まずはアポイント（予約）をとるのが通常であり、それには手紙や最近はファクス、慣れてくれれば電話などの手段を利用する。この場合、通訳を使えばそれでよいということになるかもしれないが、

必ずしも何時も通訳を使える状態にはなく、また面と向かって話し合うのに比べて通訳を介することは、やむを得ないかもしれないが、効率的でなくまた意思の疎通にかけることになる。

私は必要に迫られてから、旧ソ連や中東のアラビア諸国以外は、ほとんど通訳なしに仕事ができた。これらの国でも、ホテルでは先ずは不自由なし。また商談の相手方にも、私の知っている言語を話せる人もいた。私は最盛期には、英語、ドイツ語はほとんど問題なく、スペイン語、ポルトガル語も、何とか話して通じたのは幸いであった。

英語

英語は他の日本人と同じく、一応中学や旧制高校で学んだ。旧制高校では文甲［英語が第1外国語］に属したので、当時はかなりのヴォキャブラリ（語彙）を身につけていただろう。教科書にスチブンソンの For Young Peoples（若い々のために）とか、チャールズ・ラムの Tales From Shakespeare（シェイクスピア物語）等が使われたからだ。しかし、これらは英会話には、ほとんどと言ってよいほど役にたたなかった。

第二次大戦後、マレーシアの南端ジョホールバルでの通訳班生活は、私の英語を一人前に(full-fledged)するのに、大いに役立った。その前の1年間の軍隊生活で学問的な事は何もかも忘れた感じだったが、この6カ月間の通訳班生活は、若かったせいもあり、私の英語力は飛躍的に伸びた。通訳班では、英語での読み、書き、話し、また毎日一定時間(1〜2時間程度)日本語は一切使わないことに決めて実行した。加えて私は毎朝、Straits Times や Malaya Tribune の英字新聞2紙を殆ど通読した。

われわれ元日本兵はPOW(Prisoner of war)=戦争捕虜として取り扱われ、作業隊員として毎日畑仕事に狩りだされていたが、私は始めのうちは相手の豪州兵と仲間の旧日本兵との間の通訳として言葉の橋渡しをすれば良かった。英語力が現実に伸びて来ると、戦争犯罪裁判まがいの通訳までやった。お陰でジョホールバルでの生活は2年余りになり、シンガポールからの帰国は、最終の1947年12月になったが、人の一生からすればこの間はむしろ有効な時を過ごしたと言えようか?

大学時代は英語の勉強はほとんどしなかった。ただ折角あそこまでやった英語の語学力は落としたくなくHerald TribuneやTimes紙を読んだり、たまには大学の講義を英語に訳してノートしたりした。

会社生活に入ると、今度は英語によるコレポン(Correspondence=取引通信文)をはじめた。その頃はインドとの取引が多く、得意先の開拓が大きな役割を占めた。さて当時日本は、GHQ(General Head Quarters)の支配下にあったため、時折会社に訪れる外国軍人との通訳を務めた。

またその頃、バイヤーとして知り合ったパーディ氏(Mr.George I.Purdy)は大変な文章家であり、仕事を通じて月2、3回は会っていたが、非常に親しい仲になり、私の英語力を磨きあげる(brush up)のに大いに役立った。

1952年4月から7月にかけて、私は初めての海外出張に出してもらった。アメリカ—アルゼンチン—ブラジル—メキシコ向けである。アメリカの場合、言葉の上ではほとんど苦労しなかった。ただwater(ワーラー)、daughter(ドーラー)little(リルル)と、Tがサイレントに聞こえるには、始めのうちはいささか面食らったがこれも幾らもたたないうちに慣れてしまった。大体、私の英語は、他の大部分の日本人と同じくイギリス系だったからだ。

それから年に数回は海外出張し、或いは外国にも駐在したが、こと英語に関する限り、まずは不自由しなかった。ただ1984年3月、フィナンシャルタイムズ(Financial Times)主催の下に、ロンドンでThe World Automotive Aftermarket Conference（世界自動車補修会議）が開かれ。私は日本人としてただ1人、スピーカーとして招かれた。そして英語でスピーチ、専門家として聴衆と質疑応答を行い、拍手喝さいを受けたが、この時はかなり準備して壇上に立ったものの、私の英語はまだまだだと考え込んだ。

次にドイツ語

私は旧制三高時代に第2外国語としてドイツ語を学んだ。教師は雪山先生、内山先生といったその道の大家であった。教科書も、いきなりゲーテの『ウィルヘルム・マイスターの遍歴時代』とか『詩と真実』とかの抜粋、或いは高安先生によるリルケの詩であり、とにかく難しかった。文法と単語の幾らかは覚えたが、実務や会話には全くと言ってよいほど、役に立たなかった。本格的に勉強したのは、19

63年に当時の西ドイツに駐在してからである。それも始めのうちは、他のほとんどの日系の会社と同様、英語の解るドイツ人を雇い、彼らを通じて仕事をした。私は、会社（日本精工）として初めての海外現地法人の設立からやったので、同僚の日本人でドイツ語を解する者等の協力を得て、曲がりなりにもドイツ語で会社設立登記から、従業員の雇用、果ては弁護士との交渉等もやった。しかし、始めの間はやはり、ドイツ人従業員の力を借りることが多かった。

新規得意先の開拓にしても、始めのうちは英語を解するドイツ人を帯同して交渉した。得意先も、ボッシュやジーメンスなどの大会社となると、幹部は一応の英語を解するので、私独りで行って折衝することも多かったが、それでも情報の収集ができ、殊に同業他社の動向とか得意先の方針や考え方がわかるのが有り難かった。一念発起して、ドイツ語の新聞 Die Welt を読みだし、日常生活もドイツ語でやるべく心がけた。当初暫くは単身赴任であったので、ドイツ語しか通じない、しかし小ぎれいな料理店で食事をした。幸いなことに、ドイツ日本館は未だ出来ておらず、一般に拙いと言われるドイツ食が結構おいしく食べられた。ドイツ語は文法がややこしいが、これも一定の決まりがあり、初歩からやって慣れてしまえば、後はヴォキャブラリ（語彙）を増やすだけ。ヴォキャブラリも英語に比べて随分少なく、かつ単純なものが多い。また単語でも文章でも、英語から類推できるものすらある。

同じラテン系のスペイン語—ポルトガル語という具合には行かないが、これも欧米の言葉はギリシャ語、ラテン語に由来するものがかなり多く、発想のあり方も似ているからであろう。例えば、

英語	ドイツ語	日本語
Good morning	Guten Morgen	お早う
House	Das Haus	家
Thank you very much	Danke schoen	大変ありがとう

私はドイツに6年近く、またオーストリアに4年と、合計10年程ドイツ語国に駐在したが、その割にはドイツ語は進歩しなかった。それには本格的に始めたのが40歳位と遅かったこと、またビジネスマンとして得意先と交渉することが主目的であったため、相手が英語を解する時は、やはり英語の方がこちらの考えや意思を伝え

やすかったという言い訳がある。それでもドイツ語国に駐在した他の日系企業の人達と比べれば、或いは私の方が上であったのではあるまいか。

スペイン語

スペイン語は、初めての海外出張で耳にした。1952年の4月、米国のアイドルワイド（今のケネディ）空港から、パン・アメリカン航空でアルゼンチンへ飛んだ時、機中でしゃべられている言葉が異様に聞こえた。機内でのアナウンスは英語でやられたので、問題なかったが、辺りでぺちゃくちゃ話しているのは皆目解らなかった。これは大変なことになったと思った。まだプロペラ機であったため、ニューヨーク―ブエノスアイレス間はまともに飛んで30時間あまりかかる。早速前の座席裏の物入れに入っていたスペイン語―英語の小さな会話帳をとりだし、uno=1、dos=2、tres=3と始め出した。アルゼンチンに着いてから、毎日少なくとも2時間以上、スペイン語を独習した。学んだ言葉は、まずは早速ホテルで、それからレストラン、タクシー、ショッピング等、手じかな所で使い、判らなかったものは、その夜丹念に辞書を引いた。挙句の果ては、得意先との交渉でもスペイン語を使い始め、彼らは驚きと微笑を交え、唖然としながらも丁重に応じてくれた。この時のアルゼンチン滞在は1カ月ぐらいだったが、私のスペイン語は飛躍的に伸びたようだ。これは20代という若かったせいもあり、柔軟な頭でまた短期間に集中的にやったためだ。

それから、ブラジル経由でメキシコへ飛んだ。メキシコ市で、私の事を言葉の点から気にして、同地の友人が税関まで入ってきて迎えてくれたが、私が税関吏と片言のスペイン語で話しているのを見聞きし、これまた唖然としていた。

私のスペイン語は英語から入った。ラテン語とアングロサクソン語は、随分異なっているが、それでも日本語と比べると、ずっと似通っている。前述ドイツ語の場合に準じて、両者を比較してみると、

英語	スペイン語	日本語
Good evening	Buenas Noches	今晩は
How are you?	Como esta Usted?	如何ですか

これらの事から、外国語を学ぶ場合、まず1カ国語をマスターし、それを基に類

似言語を学ぶのが捷径であると言えよう。そしてわれわれ日本人の場合、まず英語をマスターするのが効率的であろう。

帰国後、さっそく私は、慶応義塾大学・夜間部のスペイン語学科中級に入学し、改めて本格的な勉強にとりかかった。

次にポルトガル語

ドイツから帰国後、いくらも経たない時に、今里廣記社長（当時）から、「平野君、日本からの製品輸出もよいが、これからは、海外の現地に工場進出し、そこで生産したものを、その国の需要に応じると共に、またその近隣諸国の求めに備えることも、考えてはどうか」と打診された。今里さんは、お顔の非常に広い方であり、こうした情報を絶えず耳にしておられた。その頃、私も同様のアイディアを持っており「その通りと思います。やりましょう」と即答し、その対象としてブラジルを選んだ。詳細は別に述べるとして、ブラジルはポルトガル語国でありここへ進出するには、当局への認可申請、工場用地の獲得等々、全て現地の言葉でやらねばならず、私は片言でも良いからポルトガル語を何とか物にしようと決意した。

私のポルトガル語は、スペイン語から入った。ポルトガル語もスペイン語も、同じラテン系の言葉であり、文法はもとより単語も似ているものが多い。発音はかなり異なっているが、イントネーションは似通っている。上流のスペイン人とポルトガル人が、それぞれ自国語で話し合っても、何とか通じるそうだ。

一例を挙げてみると、

スペイン語	ポルトガル語	日本語
Buenos dias	Bon dia	今日は
Como le va?	Como vai?	如何ですか

何れにせよ、ブラジルへの工場進出には、同国政府の認可を取得せねばならず、認可申請書はブラジル語＝ポルトガル語で書かねばならない。詳細はべつに譲るとして、私はつてを求めて知りあった東山銀行（今の三菱東京UFJ銀行）の顧問弁護士であったアントニオ野尻氏の手をわずらわすことになった。私が英語で書いたものを、野尻氏がポルトガル語に訳す。原文どおり訳されているかは、私が判断せ

ねばならず、そうでなくてもテクニカル・タームズの多い申請書であり、私自身、英文そのものも勉強して書き、それが忠実に訳されているか、ポルトガル語も真剣に学んだ。野尻氏には随分お世話になったが、この時期、私のポルトガル語は飛躍的に伸びたと思う。

工場進出に当たっては、政府の認可取得以外に、工場用地の取得があり、それと共に、当然、情報の収集と活用が必要である。また認可申請についても、ただ申請書を提出しただけではすまず、それについての当局への説明ないし説得が必要である。これらについても、野尻氏の手を煩わせたが、最終的には私自身が責任をもってやらねばならず、それに見合うべく、この時期私のポルトガル語も飛躍的に伸びたと思う。

繰り返すようだが、国際ビジネスを遂行するには、まずは商品知識の培養、人脈の構築、情報の収集と活用が必要であり、そのためには、言葉を広く使えることが大いに役立つ。

前述した如く、言葉、即ち言語を学ぶには、短期間に集中して覚えるのが早道だ。仕事を進める上に、「選択と集中」が必要であるが、私の経験では言葉についても同様の事が言える。言葉は使わないと忘れがちであり、なるべくそうならないよう、心がけたいものである。あれから40年間、ポルトガル語を使う機会が無かったので、今はほとんど忘れてしまったのは如何にも残念である。

始めにちょっと触れた如く、私の2度目の会社では、私は代表取締役会長兼海外営業本部長を務めていた。海外から、規模は別として、相手の会社のトップや責任者がやってくる。大体彼らとの商談は英語でやったが、中にはドイツやオーストリアからの来客もあり、こうした場合、たまにはドイツ語で想い出話でもすると、難しい商談をしたばかりの合間であるだけに、雰囲気が和やかになり、それからの話し合いがスムーズに行ったこともある。

又ある時、スペインから知己のビジネス・フレンドがやってきた。かなり重要な課題であったので、昼間は通訳を入れて、ややこしいことを含めてじっくりと話し合った。夜は銀座のテンプラ屋で、中間の先輩や担当課長を交えてくつろいだ。私は日頃、「飯を食う位はスペイン語でできるよ」と言っていたので、お客さんのペレス氏とはスペイン語でしゃべりだした。ペレス氏（パコ）は他の仲間とは、片言の英語で話し合っている。パコは英語につまると、私にスペイン語で問い合わせる。

Sr.Hirano, Como se llama esto?

「平野さん、これは何ですか？」

Pulpo（たこ）です。

といったぐあい。2時間ばかり、ワイワイ言いながら過ごしたが、その間私はほとんどスペイン語で通した。

何とか面目をたもったものの、翌日の商談では、正式の通訳は片隅に座り、私が汗をかきながら、相手取る運命になった。

まとめてみよう。

1. 国の内外を問わず、商談や会談には、何はともあれ、内容の充実が肝要である。海外との商談に当たっては、マクロ的情報の収集と活用、即ち、世界全体と当該国の一般的政治経済状況の把握、わけても当該国の経済金融情勢とそれにまつわる各種インセンティブと規制を知ることが必要。

2. ミクロ的には、相手方の特色、即ち、業界における地位、会社の方針、経営者の品格、財務内容等々。商品知識を充実することは勿論のこと、その得意先を知らなければ、こちらの方針が決め難い。

3. これらを有効に活用して、取引の実績を挙げ、相互の利益に貢献するためには、よく知りあうことが必要。言語を知り、同じ言葉で読み，書き、話せることは、そのために有力な手段となる。

おしまいに、本文で私の経験をややくどく書いたのは、この言葉のいわば魅力を知って戴きたいためであり、御理解を賜われば幸いです。

対米輸出のスタート

フーバー社へのアプローチ

1958年夏、私は技術担当のヘッド、故・当津常務（当時）のお伴をして、米国はフーバー社（Hoover Ball and Bearing Co.）との交渉に出かけた。

私はそれより数年前、ビジネスで渡米したことがある。第1回は1952年に単独でアメリカ、アルゼンチン、ブラジル、メキシコへ、第2回はとくにアルゼンチン向けベアリングのプラント輸出の案件に関するフォローとして。この第2回目は、当津さんのお伴をして先方と交渉することになったので、相手は取締役、私は平社員でありながら、互いに気心の知れた間柄になっていた。

さて、その頃の日米の経済状況はどうであったか。そのときの渡米に先立つ2年前の1956年（昭和31年）、経済白書は「もはや戦後ではない。…回復を通じての成長は終わった。今後の成長は近代化によって支えられる」と有名なキャッチ・フレーズをうたった。事実、昭和30年には国民1人当たりの実質GNP（国民総生産）は戦前（昭和9〜11年）平均並みとなり、同32年には工業生産は戦前の2倍に達し、日本経済は一応、復興段階を終わっていた。

それから32年にかけて、いわゆる神武景気がおとずれたが、輸入急増による外貨準備高減少、いな外貨危機となり、約30カ月で金融引き締めから不況へと落ち込んだ。私たちが渡米した頃は経済成長率はまだしも、民間設備投資は数年来のどん底にあった。

一方、１９５８年と言えば、その年の初めに米国は初めて人工衛星エクスプローラを打ち上げるとともに、年の終わりには、同じく人工衛星アトラスが発射され、地上との交信に成功していた。

当時の日米経済格差についてみると、

	Ａ日本	Ｂ米国	Ｂ／Ａ
ＧＮＰ	３２０億ドル (11・５兆円、換算率：１ドル＝３６０円)	４５７０億ドル	14倍強
外貨保有高	８・６億ドル	２２５・４億ドル	26倍強

の如くで全くかけ離れたものであった。また自動車生産にしても、年間、日本の29万台に対して米国は５１４万台と18倍であり、比べ物にならなかった。

当時の日本からのベアリングの輸出は世界全体で約5百万ドル（18億円）であり、主としてアジアや中南米向けであり、アフタマーケット（補修市場）対象のスポット的なものが大部分であった。私は輸出も当然、量的にまとまった安定市場を対象とすべきであると思い、それには前述の如き格差があって相当困難とは思うが、まずは米国市場の開拓をと夢見ていた。一つには、その頃の日本経済は「アメリカがくしゃみすれば日本は風邪をひく」と言われたぐらい、対米依存のコンプレックスが強かったことも、私の考えの何処かに動いていたのであろう。

さて、米国市場を開拓する場合、いかなる方法を取るべきか。一般に新規市場を開拓する場合、まずは当該市場に販売代理店を設置する。何処を代理店とすべきかは、なかなか難しい問題だが、結論的には、当該市場で経験豊富な一大専門商社で私の言葉でいえばインサイダーである。しかし、彼らのNo.1やNo.2は、大抵他の同業者の代理店をやっているか、或いはそれら同業者の製品を取り扱っているので、当方の製品が余程魅力的でない限り、なかなか切り替えようとしない。市場開拓の究極は、自ら現地法人を設置して販売する、或いは更に大きな市場なら、工場進出して現地生産を行い、販売することであるが、それには、情報の収集と活用を十分に行い、リスクとリターンのかねあいを詳しく検討して決めるのが当然であり、肝要である。

当時の場合、当社（日本精工）にとっては、米国市場開拓の状況は未だ白紙に近く、現地法人の設立や現地工場進出の段階ではなかった。

翻って商社としての販売代理店の設置に換えて、現地の同業者との提携を考えてみた。彼らは自ら生産して販売している。もっと大きくしたいが、それには人的物的の投資リスクがある。私はいっそのこと寧ろ中規模の同業者と組んで、彼らの販売網を利用して販売するのが、得策ではあるまいかと考えだした。

実はその頃フーバー社も、同様の考え方から提携の相手を探し始めていたことが判り、期せずして相互の利害関係が基本的に一致することになった。

契約の締結とその後

当津さんとは、日本を出発する前から、当然、アメリカの市況、同業メーカーの規模と活動、日本の同業他社の動向、契約の交渉に至った場合の先方から提出されそうな条件と、当方の譲れる、譲れない条件等々を何度か話しあった。当津さんの言葉、「交渉全体の最後の責任は自分が負うが、契約の個々の内容や、全体のあり方については、貿易経験のある平野君が負えよ」と、はっきり言われたことは今でも想い出す。

さて、いざ契約となると、一仕事である。いったい日本人社会は、一般に契約という概念にうとく、いわば「腹芸」とか「阿吽《あうん》の呼吸」とかに、頼りがちであるが、欧米先進国は契約社会であり、一旦契約が結ばれると、それは独り歩きし、当事者を拘束する。

それだけに、契約の締結には慎重であり、とりわけ基本契約には、ほとんどと言ってよいほど、弁護士が介在する。

このフーバー社との契約に際しても、対象品目、地域、品質、価格、支払い条件、期間、不可抗力条項などが、詳しく定められたが、これらは当事者間で交渉すると共に、互いにそれぞれ弁護士と相談した。この交渉は、当時の日本精工にとって最重要課題の一つであっただけに、私は出来る限りの調査と勉強をして臨み、当時の状況からすれば、一応満足できる契約にこぎつけることが出来たと思う。

交渉には基本的合意に達してから妥結するまで、前後約1カ月間かかったが、その間私は半分ぐらいの期間を当津さんと共に、先方の会社の所在地であったミシガン州アンナーバーのユニバーシティ・モテルで過ごした。当津さんとは隣り合った部屋に泊まったが、当津さんが夜中に何度かドアを叩いてきて、第1条の除外地域をどうしたものかとか、第5条の価格はあれで良いのかと話しあった。途中の日曜日、骨休みにナイアガラの滝を見に出かけたが、バスを待つ間にもベンチにこしかけて、契約内容をあれこれ話したものだ。私はこの交渉を通じて、それまでの営業経験と共に、多少の法的知識——但し、これはその時相談に乗ってくれた林弁護士のお世辞——が活かせることになった。林弁護士が、「平野さんは legal background があるので、話が短時間で済む」と多少皮肉めいた微笑みを示したが、あちらの弁護士は料金を time base で要求してくるからだ。何れにしても、私の英語は、それまでの主として商品の取引に関する英語から、基本契約を含む英語へとかなり広くかつ深く発展することになったのは、あり難かった。

さて当時、フーバー社の真の実力者は、執行役副社長(Executive Vice-President)のビル・ブリテン氏であった。同氏は私より9つ年上であったが、どういう訳か互いに親しみを感じていた。大金持ちの息子として育ったらしく、イリノイ州の田舎に何エーカーもある牧場を持っており、週末はそこで過ごすことが多かったようだ。

同氏は国内では、ほとんど自家のセスナ機を利用していた。この交渉が一段落してから、私はそのセスナ機を借りてオハイオ州シンシナティの工作機械メーカーを訪問した。帰り際に、先方の営業部長から「これからどうしますか」と尋ねられた。「いや飛行機を待たせてありますから」と答えたら、相手はさすがに唖然としていた。米国でも当時企業人が、自家用機で出張することは珍しかったからだ。

契約を締結して間もなく、第1回の注文を受け取ったが、それは50万ドル(1・8億円)と、当時としてはさすがに大きなものであった。基本契約に付随したメモランダムは、先方の販売計画として、初年度200万ないし300万ドルとなっていたが、そのスタートを切るのにふさわしいものであった。

それから15年後の1973年に、日本精工はフーバー社に資本参加し、Hoover-NSK Bearing Companyが設立された。その2年後、アイオア州にNSK 100%出資のクラリンダ工場が出来た。

ドイツ語国に駐在して

私は1963年から68年にかけて、6年間近く旧西ドイツに駐在した。また72年から76年にかけて4年間オーストリアに駐在した。合計10年近く、ドイツ語国に駐在したが、そうならヨーロッパのことは相当詳しいだろうし、またドイツ語も堪能であろうと言われる。なるほど、ドイツ語は、一般の日本人駐在員に比べれば、上の方だと思うが、言葉というものは、何処の国のものであろうと、使わなければ忘れて行く。一方、ヨーロッパについての知識、経験、慣習等はどうか。これも、人並み以上ではあろう。しかし、私が駐在していた頃から後、EEC (European Economic Community)、EC (European Community)、EU (European Union) と大きく変化、統合し、またEECとEFTA (European Free Trade Association) の区別もほとんど無くなった。1990年には東西ドイツが統一し、91年にはソ連邦が消滅した。これらの大変化については　当然大きな関心を持って勉強もし、研究もしたが、これらは人並みの知識は持っているとは思うが、あくまでビジネスマンとしての範囲から出ていない。

しかし、このころは途中に、ブラジル向け工場進出の案件はあったにしても、私は30代の後半から50代にさしかかっていた。心身共に盛んであったので、未だ記憶に深く残っているものが多い。

この会社（ドイツＮＳＫ）はＮＳＫ（日本精工）として初めての海外現地法人であり、設立手続き、会社定款、就業規則、会計基準など、全て初めから作らねばならず、私は仲間の協力をえながらも、先輩会社、弁護士、公認会計士などに、毎日の如く問い合わせて、やっと作りあげた。前述の課題以外に、従業員の雇用、資金繰り等山積みしており、本来志していた新規市場の開拓を歯ぎしりしながらも、後回しにせざるを得ないことも起きた。他の日本人企業との交際も、心ならずも疎かになり、ウアラウプ（Urlaub＝休暇）をとることなど、6年近く経った帰国間際にやっと延べ1週間とっただけである。

元来、ヨーロッパ市場の開拓は、ベアリングメーカーとしては、大先輩のＳＫＦがスウェーデンに本社を構え、ドイツにも君臨していた。ＦＡＧ（いまはINA―Schaeffler に買収された）も、ドイツではＳＫＦの対抗馬であったし、ヨーロッパ諸国は勿論、世界の他の国々でも広くいきわたっていた。アメリカの Timken は、テーパーローラーベアリングの大御所であるが、イギリスを拠点として活動していた。ドイツのＩＮＡは、イギリスのTorringtonと共に、ニードルローラーベアリングの分野では2大メーカーであった。その他、フランスのＳＮＲ、ドイツのＧＭＮ等、入り込む余地のないほど、ひしめいていた。

元々、ＮＳＫはじめ、日本のベアリングメーカーは、ＳＫＦの生徒であったし、それが本拠地のヨーロッパへ進出するなど、ＮＳＫの社内でも無暴であると反対された。

私は、その一寸前にアメリカへの進出を企ててその緒についたゆえ、そして社内の多くの仲間がアメリカへとなびいているので、――これには言葉の問題と、第2次大戦後の日米関係の深さがある――それではまた、新しい、しかしもっと難しい大市場をと志したのである。反対は多かったが、今里社長は「それではやってみるか」と言ってバックアップしてくれた。

１９６０年代にはいってから、ヨーロッパからベアリングの引き合いが来始めた。名だたる電動機メーカーのB社、それに続いてS社、A社等など。これらは弱電関係が主であったが、彼らも競争に打ち勝つために、品質が良くて価格が割安、納期が何とか折り合いのつく仕入先を求め出したのである。

1963年、ドイツNSK開設式。中央に今里廣記氏

B社から、スターティング・ダイナモ用として6202という比較的小物が年何百万個と引き合いが来た時は、目を疑った。またS社から、もっと小さなEL—8というベアリングの引き合いが、同じく年数百万個と来たときも、耳を疑った。B社の本社はシュトットガルトの近郊に、またS社の本社はバイエルン地方のエアランゲンにあり、両社とも、私は自ら訪問して責任者と交渉したが、彼らは事実、それらを大量に購入し、使用していた。

6202は極く標準型であり、B社ともなればそれ位の数量は或いは使用しているかも知れないが、S社からのEL—

8などという極くちいさな物が、そんなに大量に使われているとは、少なくとも当時の日本では想像の域を出なかった。然し、両者とも弱電メーカーとしては、世界に名だたるものであり、たとえ一部でも入り込みたいと思った。

先ずはB社へ。私はデュッセルドルフからシュトットガルトへ片道400㎞のアウトバーンを幾度通ったことか。6202のサンプルを100個届け、その検査に1年かかったが、品質は先方の言葉では、先ずはOK。価格もまあまあと言う。問題は納期。本格的に採用されるとなると、同社の製品に取り付けられ、彼らの売り上げに直接響くので、3カ月分の在庫を現地（ドイツ）においてくれという。相当大きな金額になるかも知れないが、私は会社のトップ陣をくどいて、これを引き受けた。

最初の注文は1万マルク（当時90万円）であったが、嬉しかった。苦労の甲斐あったと感激した。そして次回はその数十倍の注文を入手し、今日なお、ドイツNSKの立派な得意先の一つとなっていると聞く。S社の場合、当時の日本では合計でも数十万個ぐらいだっただろう。オファーした価格が、先方から何か間違いではないかと言われた程、高いと言われた。私は生産部や工場の幹部に、1種類数百万個

1964年頃、ドイツ・ハノーバーの見本市にて

という前提で、未来原価を出してくれと迫ったが、当時は先ずは価格的に折り合わず、取引は進まなかった。

電機メーカーとしては、他にA社等がある。これらにかなり足繁く通ったが、余り実らなかった。当時、日本品は未だ「安かろう、悪かろう」の偏見があり、なかなか本格的には採用してくれなかった。

自動車メーカーにも当たったが、彼らはもっと保守的であった。また前述、現地の同業メーカーは、この分野では極端に言えば、死守する如き構えであった。VWにも通って、かなり多額の引き合いを取ったが、これは自動車用に使うのではなく、同社の工場の機械設備用であった。ベンツにも、売り込みを計ったが、当時は残念ながら適当にあしらわれる程であった。

アフタマーケット（補修市場）では、いわば二流どころが、割に活発に動いてくれた。しかし、彼らに対しては支払い条件の完備が大きな課題であり、事実、支払いの滞った相手に対し、残っていた在庫品を差し押さえに行ったことが何度かある。

ドイツ駐在中は、ドイツ国内は勿論のこと、旧EEC6カ国、EFTA7カ国東欧共産圏6カ国の全てに行った。ほとんど全てビジネスのためであったが、手がすいた時には街中も歩いた。ドイツは北の港町ハンブルグ、中央の金融都市フランクフルト、南はボーデンゼー湖畔のフリードリッヒス・ハーフェンに、また、ミュンヘンはホッホブロイハウスで、生ビールのジョッキをあおり、バーデン・バーデンではカジノに手を出して500マルクぐらいすったりした。ベルリンでは壁に沿って小1時間、歩いたこともある。

フランスには、パリへ毎月1回は飛行機で飛び、ベルギーにはほとんど隔月に汽車や車でブリュッセルやアントワープへ通った。オランダには車でアムステルダムやロッテルダムへと走った。

イギリスには、提携会社のトリントン社があることもあって、ロンドン経由コベントリーへ行くことが多く、また南のスペインには、バレンシアに代理店のペルマリン社があり、商談後、伊勢海老の鬼がら焼きを味わいながら、辛口の白ワインでのどをうるおした、北はフィンランドのヘルシンキやノルウェーのオスロでは、夏は夜は9時頃まで明るかったこと、午後の4時過ぎにカナペの夕食を御馳走になったことを思い出す。

1964年頃、ベルギー、ブリュッセルの中心地広場で

東欧圏には、その後のオーストリア駐在中に6カ国全てに足繁く通ったが、これらは別稿「東欧圏向けプラント輸出」を参照乞う。

さてドイツ人が合理主義的であること、よく自己主張をすること、権利を振り回すこと、自分の言いたいこと、やりたいことは、ごく率直にぶつけてくること、理屈をこねまわすこと等は、私の前著に述べた如くである。

犬養道子さんが、『ヨーロッパの心〜チーズとたいまつ〜フランス』の中に述べているが、「相手の議論のなかに納得出来ない点を見てとる力なしに、論争口論は出来ない」「フランス人を友達としたかったら、少なくとも一度はレゾン（理）とレゾンのぶっつかりあい（激しければ激しいほど良い）を経るべし」「ぶっかり合って、向こうもこちらも卓をたたき、真っ赤になって怒鳴りつづけている、まさにそのとき、出会いの基礎は造られつつあると知るべし」とある。

犬養さんはいささか激しい言葉を使っているが、ドイツ人も同様である。フランスやドイツだけでなく、大体欧米人は合理主義的だ。私は得意先との商談でも、日常生活でも、度々これらのことを経験したし、自らもそのようになっている。一般に日本人は、ヤー（ja=yes）又はナイン（nein=no）をはっきりさせない。これはこれまでの国会答弁にも外交上の発言にもよく見かけられることだが、ドイツ人を含めて欧米人を相手に商談する場合、それは禁物である。商談の終わりをにやにや笑ってごまかされては、相手はそれで良いのか悪いのか判らず、勝手に解釈するか、或

い は途方に暮れてしまう。こと商談は、何時の場合も誠意を以て明確な見解を述べ、かつ応答し、結果を文書を以て締めくくるようにしたい。

さてドイツ語だが、英語に比べても、確かに文法はややこしい。初めのうちは辟易する。しかし、その文法も相当組織立っており、慣れれば、ある程度自然と推定できるものがある。私の困ったのは、名詞の性——男性、女性、中性——のうち、規則どおり行かないものがあることだった。maedchen=girl、maerchen=story 等は、語尾が chen になっていれば中性であることは判るが、der see=lake は男性であるが、これが固有名詞になると、女性になったり中性になったりする、これは覚えなければならない。日本語でも英語でも、これぐらいの変化はあるのだ。

また語彙(ヴォキャブラリ)となると、文豪ゲーテともなれば別であるが、一般の生活では子供だましの言葉でなければ、普通に通じさえすれば良いという発想なのだろうか。それを名詞、動詞、形容詞などの変化で補っているのだろう。

先にも述べたように、言葉は何れにせよ使わなければ忘れがちである。だから私は海外出張するときは、できるだけ仕向け国の飛行機に乗り、機中で耳も頭も慣らして、着いたらすぐに役立てるよう心がけた。例えばドイツへ行く時はＬＨ（ルフトハンザ）に乗り、機内ではDie Welt (The World) に目をとおし、ドイツ人スチュワーデスと話をし、ドイツ食を味わうことにしていた。

ブラジル向け工場進出の想い出

１９６８年秋、６年近くの西ドイツ駐在から帰国して一息ついたころ、今里廣記社長からお呼び出しがあり、「平野君、日本の貿易は製品輸出だけで良いのか？思い切って工場進出し、その国の需要に応じるとともに、そこからの輸出に貢献することが、これからのありかたではあるまいか？」また「工場進出するとすれば、初めから先進国を狙うのでなく、むしろ中進国で経験を積んでからにすべきであろう」と言われた。

今里さんは、財界はもとより、政界その他にも極めて顔が広く、何処からかこのような情報と知識を入れ、またご自分でよく考えられて私に半ば相談するかのごとく話された。

実は私も、何れは現地に工場進出して然るべしと思っていたので、すぐさまその意向を有効に実現すべく心がけた。こうして選んだ国がブラジルである。

ブラジルはハイパーインフレの国だが、資源は豊かで成長率は高い。しかし、中進国の常として国産保護を原則としており、日本からの製品輸出がかなり難しくなりつつあった。その頃、わがＮＳＫも同様の困難に直面しており、これをバックアップしながら、工場進出を成功させるのも、会社にとっておおいに意義があると考えた。

当時日本には、ブラジルに関する資料が乏しく、私は旧制三高の同級生で外務省の中南米課長をしていた故内田園生君（後にバチカン大使、世界俳句協会会長）に資料の探究とその提供を依頼した。内田君は、「今里さんは愛知揆一大臣と御懇意だと聞いている。大臣から声がかかればやり易いのだが」という。その旨今里さんに話したら、直ちにその線で行動してくれ、お陰で有効な資料に接することができた。

工場進出の現実の目的は、
（1）日本その他から輸入する機械設備について、輸入税その他の減免措置を貰うこと
（2）生産する製品の部品、原材料について、少なくとも当初は同様のインセンティブをうけること
（3）工場用地の獲得について、敷地やインフラ整備を無償或いは好条件で行ってもらうこと
等である。

これらを含む工場進出計画について、ブラジル政府当局に詳細を申請して認可して貰わねばならず、大変な作業であった。先ず生産する品目、数量を決めねばならない。申請当時、既にＳＫＦ、ＦＡＧ、Ｔｉｍｋｅｎ等、先発企業が進出しており、彼らは自己の権益をまもるために、新参者が入ってくるのを妨害する事は十分予想できた。認可だけ取るなら、当時、何処も造っていなかった小径ベアリングなら比較的容易であろうが、調査の結果、工場を成功させるには６２００―０５の並径標準ものが必要。これには特にＳＫＦが猛反発するであろうことが予想できた。そのため私は事前に、ドイツ駐在時代にいささか懇意にしていた某社のトップとも連絡をとり、精力的に動いて当初の案どおりおし通すことができた。

工場用地については、ブラジル産業の中心地であるサンパウロに近いところ、今ひとつ工場誘致を望んでおり、ベアリング生産に必要なインフラその他を整備してくれるところを探しまわった。スザノ市がこの目的に合うことが分かり、宮原市長（当時）にアプローチしてじっくりと事情を話し、上記の目的を遂行するために、かなり大規模な土地を、一定条件付きで無償で提供して貰った。

さて、工場進出の認可申請であるが、ほとんど全ての企業は、これを現地の専門家に依頼していた。私はできるだけこの道のノウハウを知りたく、また苦労はあるものの自分と自分の友達でやれそうに思えた。一つには工場進出後の経費を少しでも節約したい気持ちも働いていた。

申請には多分に法的問題もあり、幸い日系2世のアントニオ野尻弁護士の知己を得た。野尻氏は東山銀行（現三菱東京UFJ銀行）の顧問弁護士であった。初めは日本語が余り分からないと言うので、片言のスペイン語で話していたが、どうしてどうして立派に日本語をこなしていた。

ブラジルには足掛け2年、4回長期出張したが、この間、野尻氏とは仕事を離れて共に飲み食いもし、また同氏の自宅を訪ねることも一再ならずであった。昼はフェジョアダ、夜はシュラスコにピンガ（砂糖キビからとった焼酎）を傾ける付き合いであった。

更にこれまた幸いなことに、私は当時日系2世、3世でその道で大活躍していた青年と知り合うことが出来た。当時、ブラジル経済を指導する政府の大御所は、デルフィン・ネット蔵相であったが、その門下にパウロ横田氏、アキヒト池田氏がいた。横田氏は中央銀行理事、池田氏は関税定率審議会委員長の要職を務めており、

2人とも事ある毎になにかと相談に乗ってくれた。

工場進出の認可申請には、「ブラジル工業の発展のためには、今のベアリング工場だけではカバー出来ない。もっと勝れた品質と豊かな生産能力を要する。そのためには、今回の申請にある如き近代工場の新設が必要である」との趣旨を資料と係数を以って説明かつ説得する必要があった。

私がこれを先ず英文で書き、それを野尻氏がポルトガル語に訳す（ブラジルはポルトガル語の国）。途中行きづまった時には、しかるべき人にアドバイスして貰いに行く。これを十数回繰り返したと思う。

大詰めに近い1971年春、当時のブラジル通産大臣プラチニ氏への説明は、私独りで行き、拙いポルトガル語で話し、誠意のほどを示した。

1971年夏、ブラジル政府から工場進出の認可を得ると共に機械設備輸入税の減免措置が講じられ、一方スザノ市の用地の一定条件付き無償提供を受けることが決まった。

更にその後、ベアリングの部品、原材料の輸入税は当面、従来の3分の1になったと聞いている。これは関係者の多分の協力と努力があり、ブラジルＮＳＫのその後の発展に大きく寄与することになったと聞き、喜んでいる。

東欧圏向けプラント輸出——それにまつわる想い出

本件については拙著『世界市場でのビズネス』にかなり詳しく書いたが、当社(日本精工)にとっては相当大きな課題であったし、その成果は会社のその後の発展におおきく寄与したこととて、繰り返すところもあるが、そこに書かなかったことも含めていま一度綴って見よう。

ブラジル向け工場進出に関する先方政府の認可取得および工場用地確保の大任を終えて、1971年秋に帰国したが、生来頑丈な私もかなり疲れて一時寝込んでしまった。ところが、その翌72年早々、今里廣記社長から、「東欧共産圏諸国の経済成長が著しく、今後もその動きが続きそうだ。エンジニアを数人連れて同地域を席巻してこいよ」と言われた。私も当時東欧諸国の経済成長ぶりは知ってはいたが、今からまた共産圏市場の開拓かと思うといささか尻込みしがちになりかけた。しかし、今里さんから、またじきじきに話しかけられたからには、「とにかくやってみよう」と気を奮い起こし、「はじめは技術者1人だけ連れていきます」と前向きの返事をした。

共産圏国家の現状がどのようなものかは、その10年前、旧ソ連を視察団の一員として訪問した時、かいま見てきたが、未だ現実を知ったとは言えない、その大要は、シュンペーターの『資本主義、社会主義、そして民主主義』を原文で読み、かつ理解していたが、現地に足を踏み入れていない。そこには、第2次大戦後、旧ソ連の衛星国として6カ国約4千万人が生活し、また国家として政治、経済活動をしている。需要はあるし、それが増えつつある。加えて、私と私の家族は、そこに隣接する旧西ドイツに6年近く滞在し、少なくとも西欧諸国は現実に知っている筈である。ここは会社人としても、私の経験と能力を評価してくれたと思われる社長の要請を受けるべきであり、家内にも、家内の両親にも説明して、この大任を引き受けたのだ。

さて製品輸出なら、先に私が中心になって設立したドイツNSKからでも十分やれる筈。また輸入となると、頭に浮かんできたのはポーランドの石炭だが、これはニチメン（いまの双日）など商社の方が一枚上手。むしろ社会主義国では、工業立国を目指してプラント輸入し、そこで生産したものを自国の産業発展に寄与すると共に、近隣諸国へ輸出して外貨を稼ぐことを狙っていよう。それにはベアリング等が最たるものであり、現に当社もチェコスロバキア（当時）から、少額であったがベアリングのプラント輸出の引き合いがあって一部実行した。ようし、私にとっても新分野であったが、ここに焦点を絞ってやってみようと決めた。

日本と東欧圏との貿易の拠点は、オーストリアの首都ウイーンが格好の場所だ。ウイーンは現地名ではWien＝ヴィーン、英語ではVienna＝ヴィエンナと呼ぶ。オーストリアは、第2次大戦後、政治的に中立を守り、西欧の自由主義国でありながら、自ら東と西のかけ橋を演じていた。地理的に見ても、ウィーンはチエコの首都プラハよりも東方に位置し、何れの東欧諸国へ旅するにも便利であった。他の日本の商社やメーカーも、東欧との貿易の拠点として、ここに駐在していると ころが、かなり多かった。

また歴史的にみても、ウィーンはハプスブルグ帝国の首都として、いわゆる中欧(Mitteleuropa、独語)に君臨していたので、ハンガリーはもとより、チェコスロバキア、ポーランド、ユーゴスラヴィア等とは密接な関係があり、文化交流があった。当然、この都市には歴史的、文化的遺産も多く、その上安全と秩序が保たれており、私と私の家族が住むにふさわしい場所であった。それにウィーンは音楽の都としても知られており、私の家内にも、娘たちにもピアノを楽しむ良い機会であった。更にそこでは、ホッホ・ドイチュ（高地ドイツ語）というよりはヴィーナリッシュが使われており、既にかなりドイツ語に慣れていた私達にとっては、ますます好都合であった。

さて、私は毎週のように、月曜日の朝、ウィーン空港を飛び立って北のワルシャワ、南東のソフィア等へ向かい、週末の夕方ウイーンへ戻ってくる。その間に北のプラハや東のブダペストへ車で走ることもある。飛行機で行く時には、できればオーストリア航空を利用した。同じ運賃だが、飛んでいる間の気分が異なり、その間に、仕事の予習や復習もできるからだ。飛んでいる間に、言葉（ドイツ語）に自然と慣れるのもメリットだった。

オーストリアには計4年駐在したが、その間にポーランド向けに2回、ブルガリア向けに3回、合計数百億円（いまではその数倍に当たる額）に上るベアリングのプラント輸出契約を結び、また契約通り遂行することができた。これには今里社長始め会社幹部の大変なご支援があり、また担当工場の熱心な協力があったからであるが、何しろ当時の売り上げとしては抜群に大きく、また合理的な利益を得たことはいえ、会社の発展に大きく寄与できたことは、ありがたいことであった。

プラント輸出とは、機械設備とそれによる製品の造り方を示し、一定の品質と生産量を確保できるノウハウを含めた、いわば工場ぐるみの輸出であり、われわれの場合、ターンキー方式、つまりカギ（key）を回せば（turn）全ての設備が稼働する状態で引き渡したものだ。当然、相手方の責任者や担当者を日本に呼んで実地に教育訓練したり、また当方の技術者、現場の責任者や担当者、或いは専門家を現地に派遣して、機械の据え付け、使い方の指導、試運転を行ったりした。これらは言語風習の大きく異なる相手に、手をとり足をとって教えこむので、並大抵の苦労ではなかった。

ところで私は、それまでベアリングの製品知識は、営業＝輸出入に必要な範囲では一応修得していたが、製造知識は工場見学した程度の一般的な域を出なかった。それがプラント輸出にかかわるとなると、製造の全般的な流れはもとより、個々の機械設備のおよその特色や能力まで知る必要に迫られ、現場で教師付きでかなりの勉強をした。その結果、それらの機械設備から造られる製品の知識まで深まるという好循環を示した。私が日頃セールスマンたちに、自ら売る商品の製品知識は、数は少なくてよいから深くあれ、メーカー並に覚えよと言っているのは、このプラント輸出にさいしての自らの経験に基づくものである。そこまでやると、商品のコストまで計算できるというメリットも出てくるのだ。

またその折り、完成品としてのベアリングのみならず、その構成部品としての保持器 (retainer) や鋼球 (steel ball) のプラント輸出まで行ったので、その分野の関心と知識が増えた。保持器については、ブルガリア向けプラント輸出に関して、中西金属工業の中西一雄社長（当時）に交渉の纏めの際、立ち会って貰ったこともあり、急に親しさを増した。その後、同社の世界戦略のあり方について、中西さんから種々相談を受け、アドバイスもしたが、お陰で今も、最も親しい友の一人として気軽に付き合って貰っている。

彼らとの契約の交渉

ポーランドにせよ、ブルガリアにせよ、彼らとの交渉にはとにかく時間がかかることを覚悟しなければならない。どの国も、どのバイヤーも、できるだけ良い物を、できるだけ安く、できるだけ有利な条件で買おうとするが、当時の東欧諸国では特にこの傾向が強かった。価格一つとっても、まず担当者ベースで、それから課長、部長或いは局長ベースと順を追って値引き要請され、挙句の果ては、見返り購入を要求される。だから、こちらも慣れてくると、価格に予めネゴシロ（値引きの余裕）をつけ、各段階で値引きして相手に花を持たせてやったこともある。共産主義国家では「自分が交渉して値引きさせた」という実績が点数かせぎとなり、昇給、昇格に影響することもあるようだ。なかには「俺の顔を立ててくれ」とほのめかす者もいた

また2回目以後の交渉で同じ相手が出て来ると、「もう同じことだから、君の小ボス、大ボスまで含めて一緒にやろう」と提案し、初めから大会議をやったこともある。こちらも一発勝負で思い切った価格を出し、喧喧諤諤となり、価格交渉だけで1～2カ月かかったこともある。

契約書の作成に必要以上の時日を費やすことも、彼らとの交渉を通じて、いやと言うほど経験した。一体、日本人は契約についてあっさりし過ぎており、後は相互の信頼関係とか、友好関係とか、更にいわゆる「腹芸」とかに委ねがちであるが、

欧米人は契約とはっきり割り切っており、契約書の作成には常に熱心である。近代は契約社会であり、一旦契約を結ぶと、それは当事者の意思を離れて独り歩きするのだ。勿論、相互の信頼関係がなければ契約の遂行はできないが、予め想定し得る前提の下では、契約書は慎重に作成しなければならない。

ところで、これら東欧共産圏国家では、更に一字一句、契約にこだわり過ぎ、むしろ無駄だと思われる時間をかけたこともある。それも第2回目の契約で、第1回目と同じ個所で議論し同意した点を蒸し返すのだから、こちらはたまったものではない。「あの時討議してこうなったではないか」と、その場の背景から討議経過をゆっくり系統だてて説明してやると、「成程そうだった」と納得した場面も何回かあった。

具体例に触れてみよう。

ポーランドでの契約で思い出すことは、第2回目の交渉の時であったか。先方は機械やその部品を統括する公団メタルエキスポートであった。当面の相手は次席のS氏であったが、最後まで折り合いがつかなかった件は「当該プラントから生産される製品は、輸出されても、ＮＳＫの輸出品と価格その他の面で競合しないこと」の文言の取り扱いを巡ってであった。先方は「プラント輸入したからには、そこで生産された製品は外貨獲得のため輸出されるし、それがＮＳＫ品と競合することは起こりうる」と主張するし、当方は「わが社の日本からの製品輸出を阻害するような契約は結びたくない」と言い張った。そのたの条件は全て折り合いがついており、その日は契約調印に立ち会うため、先方のS通産次官も間もなく現れることになっていた。困った同公団のアレキサンダー・ユング総裁は、私を総裁室に招き、今回の件については更に文言を練り、メモランダムで明記することを条件に、契約に署名して貰いたいと申し出た。私はユング氏の顔をじっくり見ていたが、誠意が十分読み取れたので、ＯＫした。その結果、「ポーランド側は、ＮＳＫと不当な条件で競争しない」旨をうたった覚書を交わすことになった。

ブルガリアとの交渉については、別にも触れたが、ある時、相互に契約書の草案を英語で検討していた。先方からスキルネス（skillness?）という単語が出てきた。私は「スキルネスという英語はない。スキル（skill）化、スキルフルネス

(skillfulness)のいずれかだが、この場合、後者の方が正しいだろう」と言った。先方は、部厚い大きな辞書を抱えて来たが、勿論スキルネス等といった単語は、あるはずがない。それでもすぐには訂正しようとはせず、「もっと立派な辞書はないものか」と嘆かわしい顔をしたが、3日後に遂にスキルフルネスと改めることになった。

またある時これもブルガリアで、価格、納期、支払い条件、その他の取引条件、その他契約書の文面等、全て合意され、契約調印の間際になった。その時先方から突然に、「あの価格について、もう一度討議しよう」と申し込まれた。私は腹が立って、「既に合意されたものを、何の前提条件の変化も起きていないのに、もう一度蒸し返すなんて卑怯だ」と言って席をけって立ち、ホテルへ戻ってチェックアウトしようとした。その寸前に相手のボスがやってきて、「そう怒らないで、もう一度戻ってくれ」とせがまれ、仕方なく引き返したこともある。これには後述する如く、彼らは歴史的に何かと抑圧されてきたので、ごまかされまいとする一種の防御反応もあったと思う。

東欧への旅

先にも述べた如く、ウィーン駐在中、私はほとんど毎週、月曜日の朝ウィーンを発って東欧の何れかの国へ行き、金曜日の夕刻ウィーンへ戻ってくる。相手との交渉の都合上、中には続けて1、2カ月、東欧圏に居続けたこともある。その頃の東欧圏は何となく自由を奪われてメランコリックであり、ホテルで読書してもうす暗くて長続きしなかった。交渉が大詰めに近づくと、私の部屋には盗聴器がつけられていたようだ（そんなことが予想されるとパリまで飛んで日本と電話連絡したことも一度ならずであった）。

だから始めのうちは、「またこれから、あの憂鬱な国へ行くのか、仕事の為とはいえ」とさえない気分になり、ウィーンへ帰ってくると「やれやれ」と気分が落ち着いたものだ。しかし、旧ハプスブルグの国やバルカン諸国には、文化遺産も有るはずだし、日頃口にしない珍しい食べ物や飲み物もある筈だ。これらを見聞し、また味わえる好機と自分に言ってきかせ、またそのようにふるまった。ポーランドのハムには、色々な種類があって旨い。この国のウォッカは、アルコール度数に段階があるが、飲み心地がよくて、こたえられない。彼らのウォッカの飲み方は、始めにチーズやハムの類の多少油っこいものをかなり食べ、それから「平野さんの健康を祝って乾杯」とやる。グラスも50グラムとか100グラムとかのものを、一気に飲み干す。アメリカでのウイスキーの飲み方も似たようなものだが、慣れてしまえば、この方がいわゆる「引っ込みの清涼感」というか、なかなか旨い。然し、前述の如く、飲む前に油濃いものを食べていないと、胃の負担が大きく、また7、8杯も飲むと足をとられる。

1975年頃、ポーランド向けプラント輸出を終えて、ポーランドの通産大臣と

ブルガリアのヨーグルトは、豆腐のように大きなものがあり、またたまには落としても壊れないものもある。ついでにブルガリアの一応一流ホテルで、朝食に目玉焼きをオーダーしたが、ゆで卵を持ってきた。「違うじゃないか」と注意したら、「おなかに入れれば同じですよ」と首をすくめて逃げられたことがある。

ポーランドとブルガリア

ここで両国の小史を若干ひも解きながら、多少の想い出を綴ってみよう。ポーランドは元々、ヨーロッパの一大強国であったが、18世紀にドイツ（旧プロシア）とロシアの2大強国に挟まれ、たえず侵略される憂き目にあった。19世紀に入るや、オーストリア君主国も加わり、これら3国により、一旦歴史から姿を消した。

この国は、これら不安定な状況に耐えるべく、カトリックを唯一の支柱として育って来たし、国民の9割はカトリック教徒と言われている。

そもそも建国の父であるミエシュコ王が、10世紀後半にカトリックに改宗したのが始まりであり、それ以来苦難の歴史のもと、次第に培われていったもので、先のローマ法王ヨハネ・パウロ2世がポーランド教会の出身であるのも、この流れである。

私がポーランドに通っていた頃は、この国は社会主義国であったが、復活祭やクリスマスは国の祭りとして誠に盛大に行われ、また日曜日など、朝早くから身なりを整えて教会へ急ぐ老若男女の姿は、西欧の資本主義国と何ら変わるところのない風景であった。

１９７３年および74年、私はクリスマスぎりぎりまで、極寒のワルシャワにとどまって、プラント輸出の交渉につぐ交渉を続けたが、クリスマス・イブの午後３時頃、合意に達するや、相手のＢ氏は笑顔の握手もそこそこに、急いでショッピングに飛び出して行ったことを想い出す。

ポーランドはドイツとは平原による地続きであり、歴史的にドイツとの関係が良きにつけ、悪しきにつけ、（と言っても後になると、ほとんど悪い方であったが）長く深いため、商談の折りもショッピングに際しても、ドイツ語ですませることも、かなりあった。彼らの日本人企業との商談は一般に直接間接英語で行われたが、私の場合、「英独何れでも足りるので助かる」と重宝がられたものだ。

当社のポーランド向け輸出契約を結んだ頃、小松製作所と久保田鉄工（今のクボタ）もそれぞれ、プラント輸出契約を結んだが、規模は私どもの方がより大きかったようだ。私は当時、かなり古参の一部長であったが、小松の本村専務（当時）が、ウォッカを一杯やりながら、「平野は偉いんだなあ」と誉めてくれたのを想い出す。

また久保田の宮井常務（当時）はたまたま私の旧制三高の先輩であり、その後も長く、会社を辞め更に大学の教授を辞められてからも、お付き合いしてくれたものだ。

さてブルガリア。この国は500年に亘るトルコの圧政から、ロシアによって解放されたため、ロシアおよび旧ソ連と結び付きが強い。しかし、第1次大戦では独墺側、第2次大戦では枢軸国＝日独伊側に着いたため、ドイツとの関係は浅からぬものがある。従ってこの国も、ポーランドほどではないが、私のドイツ語がある程度役だった。

第2次大戦後は、小国としての知恵も働き、旧ソ連の優等生になった。時の共産党第一書記兼人民共和国評議会議長のトドル・ジフコフ氏は、その中軸として活躍した。同氏は小国ブルガリアが生き残り、そして発展していくには、その地理的歴史的背景と世界の大勢から、共産主義国家の元首として、そうせざるを得ないと身をもって認識し、かつ実行したのだ。

ブルガリアでの更なる想い出

ここらでもう課題のプラント輸出とは、かなりかけ離れたものとなったが、その背景を知るものとして、もう2件綴ってみよう。

ひとつは、その頃、日本と東欧諸国とを経済面から結びつけ、相互の発展を図ろうとする動きがあり、それぞれの国に多少とも関係のある、いわば財界の大物をかつぎ出した。私どもの今里社長は日本・ブルガリア経済委員会の日本側委員長に選ばれ、これを引き受けた。今里さんは選ばれたからには、本当に真面目に事を行うタイプであり、そのため私も日ブ経済委員会の発展のために一役買う立場になった。日ブ・バルイーストなる会社が設立され、私は無給で常務取締役を務めたことなど、今にして思えばあきれた想い出の一つになっている。

ブルガリアとの関係で、特に想い出すことは、今里さんとジフコフ第一書記の肝いりで、ソフィアにビトシャ・ニューオータニ・ホテルを建設したことである。設計は故黒川紀章氏、建設は清水建設、マネジメントはニューオータニであった。役員にはそうそうたるメンバーが名を連ねていた。私は常務としての立場で、時間の許す限り各種会合に出席し、皆と一緒に討議し、ホテル完成に向かって種々努力した。お陰でホテルに関する知識も素人離れした位に深くなり、またその方面の友達もかなり増えた。黒川さんとは、よく飲みもし、食べもした。彼は特別扱いの待遇で、飲食はほとんどただ、私は5割引きだったので、付けは大方彼の意向で引き受けてもらった。

旧制三高の同級生の品川正治君とは、おい、お前の親しい仲であった。彼は元日本火災海上保険の社長、会長を務め、また経済同友会の専務理事もこなした男である。当時は或いはホテル建設が自社の業務にも関係あるとして、張り切っていたのだろうか。私とは旧交を温める上からも、心よく付き合った。今は、考え方も行動も、かなり異なった有名人になっているが、私にとっては快い友人の一人である。

ブルガリアでのもう一つの大きな想い出は、ジフコフ－今里　両巨頭会談に、私が日本人としてはただ1人、通訳として加わったことだ。通常では先ず入れない大迎賓館に、相手側は、ドイノフ、ルカノフといった共産党政府の大物が揃い、日本・ブルガリアの経済関係強化に向かって、腹を割って話し合った。その後、ジフコフ第一書記は公金横領その他のかどで、ムラデノフ氏に追われたが、私にとって

1979年頃、ブルガリアでの担当幹部を集めて今里氏があいさつ（右端）

は、同氏は革命の闘士、小国ブルガリアを世界に知らしめた名士として、忘れられない存在となっている。

話はいささか飛ぶが、その後1979年に日本から、ユーゴスラビア・ブルガリア向けミッションが出た。団長は、時の通産省を出たばかりの元通産事務次官・小松勇五郎氏であり、副団長には三菱商事、三井物産等の役付き役員が並んだ。私は一応ブルガリア通として特別顧問となり、時の田中通産大臣から正式の辞令を貰った。ビジネスマンとしての日常業務を暫し離れて、社会主義国の幹部と会談しながら現実に接し、両国（日本・ユーゴスラビアないしブルガリア）の政治的経済的関係強化と発展に寄与するという使命を、責任ある一員として果たすのも、人生の一大経験と心得た。会談の相手としても、いわば少なくとも一国のトップ或いは幹部であろうし、これに私の知識と経験が活かせるなら幸いと思った。

私のいわば担当は、ブルガリアに焦点が置かれたが、果たせるかな、相手側幹部に知己も多かったので、ミッションのために何かとアレンジし、またアドバイスすることが出来たと思う。時のバンカロフ外国貿易次官、トロマノフ外国貿易省先進国担当局長との全体会議は、このときの訪ブの目的を総括するものであり、当時既に副首相に成っていた旧知のルカノフ氏が相手側のトップであったお陰で会議の締めくくりを、極めてスムーズに行えたことは幸いであった。

またミッション解散後、帰国後の反省会や懇親会を通じて、小松さん始め、その後も先輩・知己として付き合って戴いた人も十数人おり、あり難いことであった。

あれから既に30年余り、東欧にとって最も大きな出来事は、1991年末、ソ連邦が消滅したことであり、その前年90年末に東西両ドイツが統一してドイツ連邦共和国が成立したことである。その結果、ソ連の中核はロシアに引き継がれたものの、東欧諸国はユーゴースラビアの民族的分裂、チェコとスロバキアの分離独立、更にルーマニア、ブルガリアのＥＵ加盟等が続き、本稿の想い出とは大きく異なったものになっているが、それらについては別に稿を改めたい。

アフタマーケットでの商社活動

私は大学卒業後、30年間メーカー（日本精工）に勤めた後、一寸関連のある専門商社へ移った。その経緯は別に記すとして、始めはせいぜい5年間ぐらいの積りであったが、23年間に及び、その間15年間は代表取締役として、文字通り会社の最高責任者の1人として経営の任に当たるとともに、海外営業部門も統括した。移った会社は自動車部品の補修市場向け販売を主としており、私はそれまでベアリングの海外営業を多岐にわたって遂行してきたので、移った翌日から実務にたずさわることができた。

私が商社のトップとして取引を進めて行く上で、一番頭の痛かったことの一つは、折角苦労して開拓したバイヤーと、商品の仕入れメーカーが、当社を抜きにして直接取引をし出すことであった。私がそれまで勤めていた日本精工でも同様のことは起きた。この場合、私はメーカーの立場であったが、折角商社が相当の時間と費用をかけて開拓と紹介の労を取ってくれたからには、余程の失敗か何か大きな原因がない限り原則としてその商社を通じて取引するというのが商業道徳とみなされ、寧ろ常識であった。勿論、その時代には、商社の方がメーカーよりも海外により多くの拠点を持っていた関係上、情報が豊富であり、また貿易の知識も有し、支払い手段も有効に使えた。私が1960年代に当時の西ドイツに駐在した折、ベルギー住友商事の山下社長（後に住商本社の副社長）が、「平野さん、われわれを保険会社として使って下さい」と言ったのを今でも想い出す。

またそれより以前、ニチメン（いまの双日）とかなり多く取引していたが、私がドイツNSKを設立して初代支配人になってから、ヨーロッパは自ら販路開拓する必要に迫られた。従ってその旨ニチメン本社の担当取締役に話し、それまで通りの協力を得たいが、今後はその他の地域に力を入れて貰いたい、また既にヨーロッパで開拓してくれた得意先に対しては、5年間日常の取引業務を行ってもらいながら3％の口銭を支払うと共に、当社の中南米や中近東の得意先を逆に同社に譲ったものだ。

さて、この新会社に入ってまず驚いたことは、社員の定着率の悪さであった。私は当初専務取締役で海外営業本部長を委嘱された。海外部門は会社全体としてはまだ定着の良い方であったが、それでも年に数パーセントぐらい居なくなった。彼らは折角教育した或る程度の経験者であるだけに、居なくなるのはそれだけ損失であるが、労働の移動は自由であり、無理に引きとどめておくことは出来ない。退職にはそれぞれの理由があるが、中には営業マンで今まで取引していた得意先へ、それまでの商品を持って行こうとするものもあった。私は当該得意先、仕入先に対し、「われわれは会社対会社の関係で付き合ってきた。それを社員一個人を相手に切り替えるのは、商業道徳上いかがなものか？　これまでのサービスが悪ければ、はっきり言って貰いたい。改めるべきものは改めるので、本件従来通り当社を通じての取引をお願いしたい」と強く申し入れ、中には私の申し入れを受け入れてくれた取引先もあった。しかし、或る仕入先の中には、その社長と１カ月位、いっさい会いもしなければ物も言わない関係もつづいた。結果的には、どこかで妥協して折り合いを付けたものが多い。

これは私がそれまで育ってきた環境とは、がらっと異なったものであった。残っていた社員に聞いてみると、そんなことは当たり前で、私が入ってから寧ろ雰囲気が大きく変わり、定着率もぐんと良くなっているという。これは何も当社だけでなく、同業他社においても、似たりよったりであった。私の大学時代の同級生で小さな商社（その頃は財閥解体の影響で何処も小さくなっていた）に入った優秀な友人が話していたのを想い出す。「バイヤーもメーカーも私の言うことを良く聞いてくれる。独立したら、これらの取引先は私が持っていく。」と。

勿論これは、戦後幾らも経っていない頃の話であるが、それから30年以上たったのに、自動車部品のアフターマーケットでは、まだそのような個人プレーが続いていたのか？　もっともその間に時代も環境も大きく変化し、終身雇用、年功序列、企業内組合といった戦後日本の美風（？）が大きく崩れ、労働の移動が自由になったことは事実であるが、私がこの会社に入ったころは未だ右肩上がりの経済で、かつバブル以前であったので、やはりこのマーケットは違っていた。ベアリングも泥臭い市場であったが、自動車部品のアフタマーケットはもっと泥臭いことを感じさせられた。

会社の実態はとにかく表面に出ていることとは大きく異なったものであった。私も会社を移るからには、それも役付取締役として経営の任に当たるからには、短期間に調べられるものは調べようと、有価証券報告書を当たり、親しいその道の専門家にチェックして貰ったりした。その結果、一応立派な会社であるとみなされたが、入ってみると相当な膿が溜まっていることが判った。そうかと言って、もうやめたとは言えない。幸いなことに、私は海外営業については人並み以上の知識と経験は持っている筈であり、それをフルに活用して会社再建を計り、早く一人前の企業にすべく志し、かつ実行した。会社が構造的に良くなると、合理的な利潤が確保でき、今後の発展に備えて内部留保が行えると共に、株主、社員に応分に報いられる。ステークホルダーから喜ばれると共に、益々の発展を目指せる。随分時日はかかったが、お陰さまでどうやら一人前の会社になれ、かつ前に述べた定着率も大きく改善した。

さて仕事を進めて行くうちに、「商社とは何ぞや?」というごくシンプルな、しかし基本的な問題に度々出くわした。「商社はメーカーとバイヤーの間に介在し、両者にサービスを提供することにより合理的な利潤を得る」。私は何度かこの単純なことを皆に言って聞かせた。この定義は間違っていない。商社は一般的に物を造っていないし、金を払ってメーカーから仕入れねばならない。その仕入れた物をバイヤーに希望するときに、折り合いのついた条件で売り、代金を回収する。その間に人件費、物件費など種々の経費がかかるが、それら経費を補って利益をかせがねばならない。

ではサービスとは何か？　その前にかつては営業とみなされた古い時代の行為を挙げてみよう。

御用聞き：バイヤーに対して、「今日は何か必要な物はございませんか？」と聞きに行く。「いや今は十分足りております」と返事がある。「ではまたこの次に宜しくお願いします」と引き上げていく。或いは旨く行って、「これこれの物が何時頃、この価格で欲しい」と言われる。セールスマンはそれを、或いは多少価格を下げてメーカーにつなぐ。メーカーからは多少高い価格が出される。セールスマンはそれをバイヤーに取り次ぐ。2、3度往復して妥協点が見出され、契約の運びとなる。今でもこうした行為は行われているが、これはもう営業とは言えない。

運びや：バイヤーが欲しい物を、希望する条件でメーカーに繋ぎ、種々交渉のうえ妥結した条件で、商品をバイヤーに送り届ける。それだけなら、運送業者で十分やれる。

商社のサービスの中で、かつてはメーカーに出来がたいものとして次の如きがあった。

情報の提供―情報の入手と活用

これは今でも最も大きなサービスの一つである。総括的或いは当該商品の市況、特に内外の競争相手の状況―品質、価格、納期、支払条件その他の取引条件、仕向国の輸出入規則など。一般的に商社の方がメーカーよりも、幅広い地域で手広く商品を取り扱っている筈であり、従って情報が入りやすい。しかし昨今は、メーカーも重要な地域には自ら販売拠点を持ち、更に必要により、工場進出する所も続々と出てきた。元来、商品に対する関心や製品知識、製造知識については、当然メーカーの方が上であり、限られた範囲の情報はメーカーの海外拠点の方がより豊富に持っている筈である。またバイヤーにしても、アフターマーケットではそれらを仕入れて直接、間接、得意先に販売して利益を上げるので、商品知識や市況についてはかなり詳しい。従って、商社もこのところ、かつての総合商社の「ラーメンからミサイルまで」と言われたぐらい広く取り扱うのではなく、自らの強い部門に集中する必要に迫られてきた。

私どもは自動車用部品、用品を取り扱う専門商社であったが、それでも商品の範囲はかなり広い。私は皆に「商品知識は狭くて良いから深くあれ、できれば製造知識まで含めてメーカー並に。2品でも3品でもよいから得意部門を持て。いわゆる『選択と集中』である。これでなければ、商社として生き残れない」と耳が痛くなるほど言って聞かせた。徹底するのに随分時日がかかったが、お陰で考え方と行動があるところまで変わって来たと思う。

大体バイヤーは、できるだけ良い物を、できるだけ安く、できるだけ自らに良い条件で買おうとする。メーカーは自らの生産計画に則り、合理的な利潤を得て、確実に回収できる条件で売ろうとする。その間に利害関係が相反する如き事態が生ずることも避けられまい。それを調整するのも商社の役割であり、そのためには本件「情報の入手と活用」は商社の最も大きな役割の一つである。繰り返すようだが、その目的のためには、市場、得意先、商品について優先順位をつけ、より多く、より安定的に、より長期的に儲けさせてくれる所から先に取引すべきである。

アベイラビリテイ（品揃え）

商品の品揃えができることは、商社の強みであると共にまた弱みでもある。

われわれは主として日本車用のアフタマーケットを対象にしたのであるが、得意先はトヨタ用も日産用もホンダ用も欲しい。またそれぞれ、3年前、5年前、7年前のものも要る。

アイシン精機はトヨタ用はお手の物であるが、日産用は入手する道は知っているにしても、自らは容易に造らない。ユニシアジェックス（現日立オートモティブシステムズ）は日産用は得意であるが、トヨタ用は上記同様造り難い。これとは別に、地域によってはそれぞれ代理店があり、一定地域へ輸出する場合、代理店との関係で「残念ながら」と商品の供給を断られることもあった。その点、われわれ商社はそれぞれのメーカーと取引しており、商品の入手、従ってバイヤーの要請による品揃えは一応可能であった。この点は商社の強みであり、存在理由でもある。ただ商売であるからには、取引をして合理的利潤を上げる必要があり、その為には経費の圧縮を図らねばならず、材料があるから何でもかんでもやっていいというものではない。ここでも前述「選択と集中」を志さねばならない。また仕入先メーカーにしても、自分の所の製品を本当に売り込んでくれているのかが大きな関心事であるので、商社としても当然、同一商品についてはどこがメインであるかをはっきりさせ、効率的販売を目指すべきである。この観点から、アベイラビリテイがいささか不足してもやむをえまい。

言葉

かつては言葉の通じることが、或いはコレポンのできることが商社の強みとされた。今でも同様のことが言えるが、現在、商社の大部分がバイヤーに対して使っているのは英語であり、英語は多くのメーカーでもかなり上手に使い出してきた。こと英語に関しては、よほど熟達していない限り、もはや商社の特技とは言えないのではあるまいか。

ドイツ語、フランス語、スペイン語等については、まだ特技と言えるかもしれないが、これらは使える範囲が限られている。私はドイツ語国に10年駐在したが、当時総合商社では一般に英語のできるドイツ人を雇い、用を足していることが多かった。これも売りでなく買いが多かったので、出来たことであろう。勿論、言葉が出来る、出来ないよりは、取引の知識や経験が豊かである方が重要であることは承知の上だが、「さすが商社マンだ」と言われるぐらい、言葉も商社の強みとなって欲しい。

支払条件の完備

その昔は資金の豊富なことが、商社の強みとされたが、いまではメーカーのほうが金を持っている所が多いであろう。ただ支払条件を完備するとなると商社の方が得意である筈である。商社は日本からの輸出のみならず、日本への輸入、或いは三国間貿易（契約はA国とB国＝日本で行い、商品はC国からA国へ直接納入される）等を行い、また商社は世界の多くの国に海外拠点を有しているので、A国―B国間の決済をA国―C国間で行うといったぐあい。もっと複雑な決済方法もある。発展途上国向け輸出については、商品のインボイス価格のアンダヴァリューとか、何とかややこしいものもある。だいぶ以前の話であるが三菱商事のM常務が言っていたのを思い出す。「円高になったから商売が出来なくなったなど商社が言ったなら、それはもう商社としての価値が無い」と。傾聴に値するものであろう。

同行販売

この業界でわりに気軽に使われている言葉に同行販売というのがある。商社の営業マンがメーカーの担当者、或いは中堅幹部やトップと一緒にバイヤーを訪問するのである。元々はバイヤーに対して当社こそ正式の代理店である旨を示すために始まったらしいが、様子を見ていると、どうもバイヤーからの値引き要求に対してメーカーに、その場か或いはその翌日にでも回答して成約するための手段に使われているものがかなりあるようだった。メーカーに、こちらの不足している商品知識を補ってもらうのは結構。しかし価格までとなると、商社は何をしているのかということになる。しかも得意先たるバイヤーまで紹介して。メーカーが自らの商品を売っているバイヤーを知りたい気持ちは判る。しかし、こんなことが度重なると、メーカーは商社活動の弱い面と、またどれくらい口銭をとっているかを知り、バイヤーからの値引き要求に対して商社口銭を削ってくるようになる。中には始めから口銭はグロスで3％など決めてかかるメーカーも現れた。こちらが断るとその取引を他の商社にまわすというケースも出てきた。

商社の営業マンが早く受注したいために、メーカーに同行してもらう気持ちは判る。しかしそれが恒例となると、「商社の存在理由は如何に」となるので、私は皆に対し、「同行販売は必要悪だ。やっても仕方がないが、3度の出張で1回位か」せめて、「次回出張にあたっては、私独りで行きますから様子を見ていて下さい」と言って寧ろ同行を婉曲的に断るようにする旨話して聞かせた。また同行販売に当たっては当該メーカーに予め「某月某日から何日間、某地域の当社得意先に同行をお願いします。技術的説明のご援助を戴くためです」と依頼状を出し、同意して貰うシステムを作った。これは訪問するバイヤーが当社の得意先である旨メーカーに念を押し、道義的に拘束したい為であった。始めの間はかなり守られたようだが、当社の古い中間幹部を中心に流されがちになり、折角の試みが崩れがちになったのは残念であった。しかし私は、必要により大メーカーには自分で出かけて、先方のトップや役員に趣旨を説明して納得して貰ったので、こちらの考え方や意図は十分有効に伝わったと思う。

この同行販売が高じると、更に冒頭に述べた如き、商社を抜きにしたメーカー――バイヤーの直貿となって現れる。否、同行販売が無くても、メーカーも自社の製品がどのバイヤーに売られているか、バイヤーもどのメーカーのものを買っているか知っている。競争が激しくなると、あまり役に立たない中間的存在＝商社を抜きにして、バイヤーはそれだけ安い価格で仕入れようとし、メーカーもそれに応じようとする。これは決済が旨く行くことが前提になるが、当初商社が多大の時日と費用をかけて開拓したことなど二の次に押しやられる。決済の件は、概して欧米の有力バイヤーであれば一応旨く行くので、この地域の得意先にあまりメーカーを連れて行ったり、親しく付き合わせるのは考えものだろう。然し基本は、商社がメーカーの製品に如何に付加価値を付けてバイヤーに売り込んでいるか、またバイヤーもこれこれのサービスをしてくれていてあり難がっているか、換言すればバイヤーもメーカーも商社の存在価値を現実に認識しているかどうかが決め手になろう。

ここで冒頭の具体例は暫く措くとして、商社は何を成すべきか基本的な課題に触れよう。

企画提案型セールス

商社はその存在理由を示すべく、メーカー——バイヤーの間に介在して両者に何らかの付加価値を付けねばならない。現在並びに今後も商社の存在意義を端的に示すべきものは、「企画提案型セールスの展開」であろう。お客様＝バイヤーに或る商品を売り込むには、お客様がその商品を買うことによってどれだけのメリットがあるかを示す必要がある。そのためには当該商品が同業他社製品に比べてどの程度勝れているかを具体的に示さねばならない。マーケットの状況、品質殊に耐久性と環境保全性（騒音、公害、デザイン、リユースなど）、それに価格その他の面で。かなり以前であるが、デンソーの元石丸副会長が、次の趣旨のことを言っていた。「お客様がA品を欲しいという。その背景と条件を聞いていて、そうならばB品の方をお勧めします。何故ならば――、と逆提案するだけのものが欲しい」と。そのためには、先にも述べた如く、商品知識の培養とそれを駆使しての企画提案型セールスの展開が、寧ろ商社の本務であり、またそれを常に遂行することにより、交渉の際、「相手が何を考えているか、どのあたりで妥結したら良いか」が鍛えられ、商売の勘が働くのである。

おわりに

私は国の内外でそれぞれ数百人と商談した。中には激しい議論の末、商談が成立しなかったこともあるが、不思議とこれら多くの人とすぐ親しくなり、仕事を離れて今でも付き合っている人もいる。

一般に米国では前置きが短く、いきなり商談に入ることが多いが、それでも商談の途中で、或いは商談が一段落したところで、業界の状況、お互いの友人から家族、趣味、嗜好などに触れるものである。そのなかで一寸した機会から「軽く食事でもしながら」と話を続けることになる。

欧州（西欧）では多少ウェットになる。いささか商談の前置きもある。取引にしても、米国では、品質が良くて値段が安く、納期が短ければ商談成立が早いが、欧州ではそれまでの取引に対して愛着というか一種の義理みたいなものを感じるようだ。その反面、米国では新たに競争相手が現れると、取引を取られるのも早いが、欧州ではこちらに考える時間を与えてくれる。

東南アジアが一番ウェットであろうか？　商談に際して、おみやげを持っていくのは常識化している。或いはこれは日本人がそういう習慣を植え付けたのであろうか？　昼でも夜でも先ずは食事に誘われる。私どもが付き合っていたのはほとんどが華僑だが、彼らは勿論「信義と利益」の上に成り立っているのだから、始めから計算には入っている。

さて商社に限らず、どの社会、どの業界でも、人脈が必要なことは論を待たない。人脈を築くには多少ややこしい言葉を使えば、血縁、地縁等のゲマインシャフト、職縁、堺屋太一さんのいう好縁等のゲゼルシャフトがある。学校を同じくするのも後者に属するが、今はゲゼルシャフトで如何に旨く人脈を広げて行くかであろう。私はわりに早く友達になり易いが、一つには外向的性格であること、一つには学友に恵まれていること、そして社会にでてからは、たまに激論をする事はあっても不義理はかけなかったからであろう。

また外国人とは、歴史、地理、文化等広く学んで付き合ったこと、それとともに言葉の点でもあまり不自由を感じなかったことも良い影響となったであろう。商社は取引を進める上で最終的には「お互いの利益の為に」(for mutual benefit)を基本にしなければ、長続きしない。勿論、商談においては、こちらの意図している方向に相手を誘導していくよう心がけ、そのように努力すべきだが、あくまで誠意をもって行うこと、完全勝利(これはまずありえないが)になりそうな場合には、最終的には何処かで譲るのがその後の取引を含め、有効なやり方であろう。
私のモットーは「売手よし、買手よし、世間よし」である。

グローバル化に対処して

私は1979年代の前半、オーストリアはウィーンに駐在し、ベアリングの東欧向けプラント輸出に当たった。仕向け国はポーランドとブルガリア。その際、製品としてのベアリングのみならず、その部品としてのリテイナー（保持器）も加えた。リテイナーは中西金属工業（NKC）製であった。

それまでは、ベアリングについても、販売する程度の製品知識は持っていたが、それを製造する知識は通り一辺のものであった。然し、プラント輸出をするとなると、外輪や内輪はどうやって造るのか、1分間にどれだけ出来るのか、仕上げはどうするのか、アセンブリ（組み立て）はどうやってやるのか、耐久性や音響はどうやって計るのか等々、製造知識を持つ必要がある。私はナッパ服を着て旋盤まで動かしてみた。するとコスト計算まで、ある程度できるまでになった。

前述リテイナーの形や役割やそれをどうやって造るのかは、概念的には知っていたが、その品質がどの程度勝れているか、コスト計算までは、到底知らなかった。とりあえずカタログや製品そのものについて一応の勉強をした。

さて、ブルガリア向けプラント輸出契約の最終段階にきた。先方は担当のカルチェフ大臣以下部課長が並び、当方でも私のほかに技術課長が控えた。その際、NKCの中西一雄前社長が日本から遙々ブルガリアまでやってきて、私と先方大臣との交渉に陪席され、私どもの討議を極く熱心に聞いていた。交渉は最終段階のツメであったので、かなり激しいやりとりの中でも、前へ前へと進み、いよいよ契約調印へと進んだ。本件はリテイナーについての交渉であったので、私は中西社長にも立ち会いの署名をして貰おうかと思ったが、中西さんは契約当事者はNSKさんであるからと遠慮された。いずれにしても、無事契約が成立し、署名と握手が交わされた。

中西一雄さんは、会社のトップとして、自社の経営の在り方を如何にすべきかを、常に検討しておられた。日本のリテイナー・メーカーとしては、勿論トップであったし、また日本のベアリング・メーカーを大事な得意先として重んじているが、それだけで良いのか？　今は日本だけでなく、海外にも目を向ける、即ち海外戦略を構じるべきではなかろうかと自問自答していたようだ。それが前述ブルガリア向けプラント輸出の交渉と契約調印に陪席し、自らの海外戦略の課題を目の前で見せつけられた。

然し、それを実行するには人が要る。その時、私のやり方と行動を現実に見た。事の成否は別として、とにかく一緒に行動してみようとのお気持ちになられたのであろう。中西社長は、私はNSKの幹部社員であり、NSKは同社（NKC）の一大得意先の一つであるからと慎重に考慮されながらも、わが社のトップに丁重にアプローチされたのであろう。結論的に私は、上司の了解のもとに、時間の許す限り、中西社長の申し出に応じることになった。

私も、法的、心理的むつかしさは十分心得ているが、わが社のNKCに対する現在並びに将来の関係を旨く維持するには、どうあるべきかをとくと考え、巧妙に立ちまわった。また、私の上司も、会社のトップも、本件を私に任せることになったことも背景にある。いずれにしても、結論的に、わが社の為にも、NKCの為にも旨くいったと思う。

その頃、世界の同業メーカーは、リテイナーは、自ら或いはその傘下の子会社で造っていた（第2次大戦後、しばらくは日本でも同様であった）。そのような状況で、欧米の主要メーカーにリテイナーを売り込むのは、考えただけでも難しいことであった。殊に同業者の幾らかは、既に私を知っていただけに。

しかし、とにかくやってみよう。私はNKC製品のメリットを真剣に勉強して知っているだけに、ここでも一種の企画提案型セールスを試みた。時間を見計らって、先ずは何かと知り合いのヨーロッパの同業メーカーに当たってみた。前述の如く、大メーカーは、自ら或いはその子会社で生産していただけに、何かと理屈をつけて購買或いは技術担当責任者は直接会うのを避けようとした。名も知らない日本のメーカー品を自らの製品に組み込もうとするリスクを負いたくないのは判る。それでも、多少小さいメーカーで、私の知り合いは、今後のグローバル化に備え、私の言い分を聞いて幾らか採用してくれた。この間、私は自らの仕事を続けながら、中西さんと同道して歩き回った。

今度は、また大市場の米国だ。当たるべき同業メーカーの名前や住所は知っていたが、その責任者はもとより担当者も知らない。とにかく問題をブレイク・スルーするためには、あまり一般的でない製品を造っているメーカーに当たるべきと考えて実行した。B社は車両用のベアリングをつくっている。先ずはこの会社にアプローチした。的は当たった。多少の引き合いと注文が来た。私の勘と経験が幾らか実ったのはあり難かった。

しかし、今まで手を付けなかった「海外戦略の樹立と遂行」という課題に対しては、姑息な手段では到底成功は覚束ない。やるからには、先ずは販売代理店の設置、それからは、自らの支店=現地法人の設立、更には工場進出と、また需要に応じ、更に需要を喚起しながら、進めて行く。私も、前の会社の海外市場開拓について、同様の構想を抱いてきた。然し、市場によっては、その順序を飛び越えても構わないし、他の方法を採ってもよい。事実、私どもは先には北米市場の開拓に当たり、先方市場のメーカーと提携してかかったし、少なくともスタートにおいては、先ずは成功した。

私は今の場合、どの順序と方法で行くべきか、中西社長と相談し、両者の中間案で進もうと心がけて実行した。運も良かったのか、事は割にスムーズに進んだ。これも前述中西社長の「海外戦略の樹立と遂行」という熱意に、私のささやかな経験がプラスしたからであろう。

当時私は、大阪2部上場会社のトップの1人であった。これで私の中西社長に対する一種の義理を幾分果たし、同社「NKC」の海外戦略の遂行に一役買うことが出来たという、ひそかな誇りを持ち、後は自己の本務に邁進した。

尚、中西さんの会社と私どもの会社と、会社同士の付き合いがスムーズに行ったことはいうまでもない。

今里さんと私—外国語の世界を通じて—

私が初めて今里廣記さんにお目にかかったのは、1949年3月だった。入社の合格通知を受け、郷里の先輩である故笹山忠夫さん（当時持株会社整理委員会委員長）の紹介状 (letter of introduction) を持って日本精工へ赴き、今里さんにお会いした。今里さんは当時41歳、正に生気溢れるばかりの (very energetic) の青年社長であり、特に目がきれいに澄んで (very clear eyes) いた。「笹山さんも薦めてくれておられるし、試験の成績も非常に良いようだし、しっかり頑張ってやってくれ (stand out)」との趣旨のお言葉を投げかけられた。これが、私のその後の人生の行方 (my course of life) を決めてしまった。

入社当時、会社はちょうど増資 (capital increase)――資本金2億円から4億円に――の時期であった。その頃、増資の手続きはどの会社もほとんど全て社内で行っていたし、新入社員がその手伝いに回された。毎日スタンプおしの単純労働 (simple work) であり、大学を出たばかりの意気に燃える (high-spirited) 若者にとっては耐えられないものであった。そうした或る日、GHQ (General Head Quarter) =連合軍最高司令部のアメリカ人が突然の検査に現れた。何時もなら会社お抱えのN通訳 (N Interpreter on a retainer) が相手にするのだが、その日はあいにく

(unfortunately) 出社していなかった。総務部長は慌てて今里社長のもとへ行ったところ、社長は「今年の新入社員に平野というのが居る筈だが、彼の英語を試してやれ」と指示された。さっそく私がその場に呼ばれたが、何のことはない、ごく普通の日常会話なみ。無事通訳を務めることになった。お陰で私は「多摩川工場労働課勤務を命ず」の辞令 (written appointment) を貰いながら、遂に1日もその勤務につかず、増資のアルバイト終了後は貿易業務につき、爾来いわゆる会社人生活を辞めるまで半世紀余りの間、海外営業一筋に打ち込む (devote myself into overseas business) ことになった。

1979年頃、ソフィア近郊の石だたみを歩く今里氏

その後、貿易課ができたが、そこでは、それまで習い覚え、特に終戦後マレー半島で実践してきた通訳としての英語が早速役立った。当時メーカーで直に貿易を行っていた会社は極めて

稀で、殆ど全てが商社経由であったが、私はメーカーでもバイヤーと直接取引が出来ない筈はないと思い、新入社員としての雑用(miscellaneous affairs)の間をぬって、英語でコレポン(correspondence)を書いた。その頃、ベアリングの輸出は大部分、東南アジア、それも大半がインドであったが、コレポンによって最初の注文3千ドル(但し、1米ドル＝360円)を受け取った時は、非常に嬉しく、今里社長に報告したところ、社長はこの初注文を共どもに祝ってくれた。今里さんは、一社員の若僧(young fellow)が気軽に話しかけられる大らかな(broad-minded)心の持ち主であった。

〈注　1949年、当社のベアリングの輸出は合計7800万円(うちインドむけ7300万円)〉

この頃会社は、種々の経緯から米国のK商会なるものに、東南アジアを除く世界全体に一手販売権(exclusive sales agency)を与えていた。相手のK商会は一般的に協力することになっていたが、それ以上具体的な責任、例えば年間最低購入額(minimum purchase amount per year)とか、販売予想(sales forecast)提供義務など一切お構いなしの一方的な不公平な契約であった。大体、多くの日本の企業は、特に米国の企業から、戦後こうした、いわば安政の不平等条約 (unequal treaty) みたいなものを一方的に押し付けられ、黙ってのんでいたようだ。

このＫ商会の極東支配人は、パーディ氏 (Mr.George I.Purdy) とよんだが、同氏は元海軍大佐 (naval captain) であり、戦後ＧＨＱの天然資源局長を務めていた。私が入社した頃は既に民間の貿易人として活動しはじめていたが、大学卒業直後の私はパーディ氏に対し、Ｋ商会との不平等条約を改正すべく、極く率直に交渉した。それまで、パーディ氏と交渉するのは、会社のトップか上級幹部に限られていたが、パーディ氏は私の申し出と説明 (proposal and explanation) を良く聞いてくれ、寧ろわが社の側に立ってＫ商会に契約改訂ないし更新 (amendment and/or renewal) を申し入れてくれた。同氏が文章家としても勝れていることは、後で判ったが、その時の出だしの文章、

〝From viewpoints of……,it seems advisable that the contract shall be amended and renewed as……〟

「——の観点から、契約は——の如く改訂ないし更新するのが当を得ていると思われる」

と言った言葉の響きは、長い間私の印象に残った。

このパーディ氏との交渉の経緯、およびK商会との契約改訂は逐一今里社長にも報告したが、社長は私の取った行動を非常にほめて下さった。

今里さんの神山町のお宅にもよくお訪ねし、御馳走になりながら、有益なお話を伺った。「よければ今夜うちへ来いよ」とお声をかけられた時は勿論のこと、お声がかからないのに、お伺いしたことも一再ならず (once and again) であった。今里さんをご自宅にお訪ねして想いだすのは、何時も例の笑顔で迎えて下さったことだ。それはなかなか余人のできることではないが、私はそうした今里さんの御好意に甘えていた (availing myself to his kindness) ようだ。

1952年4月から7月にかけて、私は最初の海外出張に出してもらった。戦後、会社社員としては第1号である。そのころは、朝鮮事変の特需景気 (special procurement boom) は未だベアリング産業には影響を及ぼさず、「この際思い切った海外市場の開拓を」と、私は勇躍 (in high spirits) その途についたが、今里さんは「若い者が意気に燃えているのだから、思い切り修業させてやれ」との親心であったのだろう。出発に当たっての社長のお言葉を想い出す。「千里に旅して君命を

恥ずかしむるなかれ」(Carry out my order faithfully in a long journey)

この日本出発当時は、いまだ米国との講和条約(Peace Treaty)すら発効されておらず、米国のビザ(visa)をとるのもかなりうるさく、羽田空港に入るにも一々パスが必要だったが、社長はお忙しいなかを、私を羽田で見送ってくれた。

この最初の海外出張中、米国で、当時としては種々の珍しい、また目新しい経験をした。一、二の例を挙げてみると、

(1)ロサンゼルスで、旧知のD氏の自宅に招かれ、そこでテレビを見て驚いた。米国にテレビなるものがあることは聞き知っていたが、ニュースや映画が自宅の居間でくつろいで見られるというのは、その時初めて実際に味わった。勿論白黒であったが、その第一印象を早速、今里社長に報告した。

(2)ニューヨーク市からフィラデルフィアへ汽車に乗ったが、定刻になると何の合図(Signal)もなく動き出した。経験のためにとプルマンカー(pulman car)に乗った。黒人が靴みがきにやってきた。汽車がフィラデルフィアに着く前に車しょう(conductor)が切符を集めに来た。汽車を降りたら、訪ねる相手のG氏が「ハロー」と声をかけてきたが、駅員も「ようこそ」(Welcome!)

と笑顔を示すだけだった。

それから中南米へ飛んだ。アルゼンチン、ブラジル、メキシコへである。中南米は一名ラテンアメリカ(Latin America)と言われる位、スペイン語、又はポルトガル語（ブラジル）ないしフランス語（ハイチ）の諸国である。私は仕事の関係でこの時はアルゼンチンに最も永く滞在したが、この国のスペイン語はイタリア系の人が多い（全体の約40％）ため、発音がイタリア語化している。その典型はLl（エーリエ）及びY（イグリエーガ）であり、そこではジュと発音される。

Como se llama Vd.?＝コモーセ－ジャマーウステ（貴方のお名前は？）といったぐあい。

これらの見聞をし、また新しい外国語を覚えさせて戴いたことについて、今里社長に深く感謝している。

1958年夏、故・当津常務（当時）のお伴をして米国はフーバー社との交渉に出かけた。当時アメリカ市場の開拓は、会社にとっても、私個人にとっても懸案の

重要な課題の一つ (one of the most important subjects pending) であっただけに、出来る限り調査と勉強をして交渉に臨み、当時の状況からすれば一応満足な契約にこぎつけることができた。お陰でアメリカという大市場の開拓 (development of such big market as USA) が大きく前進したが、あの重大な課題を思い切ってやらせて戴いたことに対し、今里社長に心からお礼を申し上げたい。

この交渉を通じて、私はそれまでの営業経験 (sales experience) と共に、多少とも法的知識 (legal background) が活かせることになった。また私の英語は、それまでの主として商品の取引 (trade) に関するものから、基本契約 (agreement) を含む英語へと、かなり広く、かつ深く発展することになった。これも今里さんのお陰だ。

その年の11月、私は結婚した。披露宴 (wedding reception) には勿論、今里さんに主賓 (principal guest) になって戴いたが、式に先立って今里さんは「俺は親代わりの席に坐らなくてもよいのかな」と本気になって言ってくれた。

この宴席上、今里さんはスピーチの中で「平野君の英語は何を言っているのか判らないが、とにかく相手に通じているのだから、全くすばらしいものだ」と言った趣旨のお話をしてくれた。参考までに、媒酌人(match maker)は、郷里の先輩である綾部健太郎さん(後の衆議院議員議長、the president of the House of Representatives)がつとめてくれ、また笹山忠夫さん(当時アラスカパルプ社長)三浦義一さん、郷土浩平さん(元生産性本部理事長)等の諸先輩(various seniors)が参列してくれた。郷土さんが、「私は秀才とナメコ汁は大嫌いだが、この秀才は秀才らしくないので、親しく付き合っている」と言われたのが、印象に残っている。

1962年夏、私は河合良成氏(当時小松製作所社長)を団長とする、戦後第1回訪ソ視察団(The first mission to USSR)に随行した。このミッションは、当時としては正に大物(big man)揃いであり、このミッションに参加するのは、また新しい経験をすることとあわせて幸いなことであった。団員の中には、

大屋晋三　帝人社長
桜井俊記　三菱重工業会長

1962年、初めての訪ソ・ミッション（矢印が筆者）

土光敏夫　石川島播磨重工業社長
（アイウエオ順）
その他の大先輩がいた。

このミッションには、初め今里社長も参加されることになっており私がその随員として選ばれたが、社長はよんどころない急用のため、参加を取りやめられた。今里社長の私に対する出張命令は次の如くであった。

（1）フルシチョフ首相の後継者(successor)は誰か？　何故そう判断するのか？

（2）中ソ関係は今後どうなるか？　その理由は？

この命令に当たって、社長は特に文書にかかず、頭で覚えておくよう指示された。帰国後直ちに報告と上記命令に対する返答を行った。その後の歴史は、後者は当たったが、前者は外れた。なお、この出張時、ヤルタで当時のフルシチョフ首相に会え、約3時間の会談に参加できたのは極めて幸いで、かつ非常に印象的(very impressive)であった。

今里社長に感謝している。

その前後から、私はさらに難しい新規大市場の開拓をとヨーロッパを目指した。ヨーロッパには、先輩競争相手(competitor)が数社有り、そのうえアメリカに比べて保守的(conservative)であり、未だ「安かろう、悪かろう」の日本品のイメージ(image)がこびりついていた。商品をアメリカに売る場合、品質(quality)、価格(price)、納期(shipment)、支払い条件(payment terms)、その他の取引条件(other trade conditions)が整えば、先ずその契約が成立するが、ヨーロッパの場合、それでも従来の取引関係とか、慣習とかを更に比較考慮することになり、その開拓には寧ろ消アメリカに数倍する困難があった。従って会社の幹部も、この市場開拓には寧ろ消極的(rather negative)であったが、今里社長は十分の関心と熱意を示され、積極的に(positively)支持して下さった。

1963年11月、ドイツNSKが設立され、私が初代の支配人(geschaeftsfuerer=general manager)に任命されたが、その開設式(opening ceremony)に社長自らご出席くださった。

西ドイツ駐在時代は、いわゆる経営(management)とドイツ語を勉強させられた。この会社は日本精工の海外現地法人(overseas corporation)としては最初の試みであったため、設立手続き(establishment procedure)、就業規則(office regulation)、会計基準(account standard)等々、全て始めから作らねばならず、先輩会社、弁護士、公認会計士(certified public accountant)等に毎日の如くに問い合わせてやっと作り上げた。従業員の雇用も一大業務であった。あちらでは、人を雇おうとするとき、通常新聞広告で募集し応募してきた(responded to an invitation)人と面接して本人の経歴や意向を聞き、条件などを話し合い、折り合いがつけば契約という順に進む次第であるが、私は始めのうちは他の日本人会社と同様、英語しか話がスムーズに出来なかったので、英語の出来るドイツ人に限って雇った。何れにしても、このドイツNSKの支配人時代、在庫(inventory)及び売掛金(trade account receivable)の管理、資金繰り(funds raising)、損益計算書(statement of profit and loss)及び貸借対照表(balance sheet)の見方等、小さくても経営者としての仕事を実地に学ぶことが出来た。

同時に今ひとつの新しい外国語として、ドイツ語を何とか使えるようになったのは幸いであった。1961年初め、第1回のヨーロッパ出張で、いやしくもドイツに本拠を置いて仕事をするには、ドイツ語を物にすべきであると痛感した。それで、リンガフォンレコードを中心にA(アー)、B(ベー)、C(ツェー)からやり直し、新聞は努めてDie Welt (The World)に目を通し、食事は出来るだけドイツ料理店、それもドイツ語しか通じ難い程度の小さな、しかしこぎれいなところでとった。それでもドイツNSKが設立されてから半年位は、会社の仕事は大部分英語で済ませた。

1964年の半ば頃からか、ある日突然、会社のドイツ人達に、「私は今日からドイツ語で話す。君らもドイツ語で話しかけてくれ」と宣言(declare)した。それから数日間は、多少ぎこちない (rather awkward) 会話も交わされたが、その困難の克服は早かった。私の見解では、外国語の進歩は相当勉強しても、一定期間はスロウ・カーヴ (slow curve) がつづくが、あるところまで進むと一段階ジャンプすると言えそうだ。その頃の私のドイツ語は、ちょうどこうした一つの節目＝第二段階にきていたものと思われる。

おかしなもので、それから後は会社での会話は勿論のこと、それまで以上にドイツ人得意先と好んでドイツ語を話すようになり、また交際の範囲も増え、取引も進展した。これら経営の勉強をし、更に新しい外国語を学ぶ機会を与えて下さったことに対し、今里さんに深く感謝している。

1968年秋、西ドイツから帰国して幾らも経たない中に、今里社長から「ブラジル向け工場進出 (plant inroads to Brazil) の課題」を指示された。早速、ブラジルの工業水準 (industrial standard)、外資に関する法令 (law concerning foreign capital)、同業他社の状況 (situation of competitors)、進出した際の有望な得意先 (prospective customers) 等を調べにかかったが、当時日本にはブラジルに関する資料が極めて少なく、思うように調査検討が捗らなかった。そうでなくてもせっかちの今里さんは「平野君ともあろうものが、何をもたもたしている」(Why are you so slow?) とひどく叱られた。然しその夜、銀座の一流バーで待ち合わせを命じられ、よもやま話でなぐさめてくれた。今里さんは怒る時はひどく怒るが、後は自らそれを反省するかのように (like reconsidering himself)、かばい且つ元気づけてくれる、いわばほんとうに良い意味での親分肌の (magnanimous) 人であった。

ブラジルには計4回、あしかけ2年長期出張し、先方の通産大臣、関税局長、中央銀行理事など要人と折衝した。その間、既に現地に進出していた先輩同業他社の反対、それ見たことかと寧ろやじる (rather hooting) 雑音がはいったが、1971年秋、わが社（日本精工）は工場進出の認可を得ると共に、機械設備 (machinery and equipment)、部品 (component parts)、輸入税の減免 (reduction of and exemption from import duty) 等と共に、用地の一定条件付き無償提供 (free offer) の特典 (incentive) を得た。今日、ブラジルNSKは、日本精工の海外工場の中で、最も旨く行っているものの一つと聞いて喜んでいる。

第2回目のブラジル長期出張で遙々サンパウロ空港に着いた途端、現地で私の父親の死を告げられた。父は長年、脳溢血（cerebral apoplexy）のため身体が不自由であった。日本出発前に会うべく大阪まで来ていたが、それから西へは勤労感謝の日（Thanksgiving day）の前日に当たっていたため、どの乗り物も満席で行けず、その旨父に電話したが、あれが最後になった。サンパウロから今里社長の自宅へ長距離電話（long distance call）をし、後を宜しくお願いしたところ、万事快く引き受けて下さった。当時私は、何かにつけて今里社長には、心おきなくお願いできる関係であった。

第3回目の出張中、今里社長は当時の長谷川専務（のち社長）その他の方と私どもを激励方々工場建設予定地を含む現場の視察に当たって下さった。その時、今里社長は現地日本人会の要請で講演されたが、講演の議題は「世界情勢に対処する日本経済」ともいうべきもので、三極化、否、四極化の時代に面して、日本は如何に有るべきか、という趣旨のものであった。

このブラジル長期出張のお陰で、私は工場進出のありかた、新興国政府との折衝

の一種のコツ (knowhow) 等を経験すると共に、また新しい外国語としてポルトガル語をかじる (nibble at Portuguese) ことが出来た。ポルトガル語はスペイン語に似ているため、私は先に習い覚えたスペイン語から入り、割に早く親しむことが出来た。両言語の文法などほとんど同じであり、単語も似ている。むしろ似ているばかりに、かえって混乱することがある。ところで、工場進出の申請書約500頁を、文章に堪能な日系2世のN弁護士が英語からポルトガル語に訳してくれ、それを読んで先方政府と交渉にいったが、これを読むにもさすがに骨が折れた。いずれにしろ、新興国への工場進出の複雑なノウハウ、そしてまた新しい外国語を勉強する機会を与えてくれた今里社長に、正直お礼を申し上げたい。

1972年から76年にかけて、私はNSK主席駐在員 (chief representative) としてウィーンに駐在し、今里社長のお言葉の如く、東欧圏 (East Block) を席巻 (sweeping over) すべく、主としてプラント輸出に当たった。ここでは、ドイツ時代に覚えたドイツ語が、そのまま役立ち、それまでの知識と経験を十分に活かすことができた。ポーランドとブルガリアに合計数百億円（今ではその数倍の金額になる）に上るプラント輸出契約を締結且つ遂行し（make and execute）得たのも、その大きな現れであり、会社の発展のために大いに役立てたと思っている。この時期は、主として共産主義国家（communist countries）を相手に取引を行ったので、共産主義の体制と現状（system and actual situation of communism）を身を以て体験したが、彼らとの交渉、特に契約書の作成に必要以上の（more than necessary）時日を伴うこと、最後まで、特に価格の点では、粘りに粘って（very persistently）交渉すること、挙句の果て（in the end）見返り購入（counter-purchase）を要求されること等を十分勉強させられた。

この間、今里社長との関係で特に想い出になることは、１９７３年初夏のころ、今里さんは井上靖、平山郁夫、江上波夫等、文化界の名士を伴ってシルクロードの旅へ出かけ、私はパリでお会いしてご一行の会席に加わらせてもらったこと（但し、今里さんは、出かける直前に足をこじらせ、結局パリで合流された）、また同年夏、ポーランド向けプラント輸出の第1回引き渡し式（transferring ceremony）に日本からわざわざ御参列戴き私が英語で通訳をつとめたこと、更にその約１カ後に、中山泰平、両角良彦氏等の名士に従って私もブルガリアにお供したことである。

年の暮れ、今里さんは、社長の職を長谷川正男さんにゆずられ（succeed）会長になられたが、その後も数度ヨーロッパにお見えになった。

1976年夏、私はウィーン駐在のまま取締役に選ばれ、同年秋帰国し、それまでの経験を活かすべく、海外部門を担当させられた。当然、長谷川社長の下で思い切り働いたが、今里さんとの思い出は、一つは1977年春、ユーゴースラビア・ブルガリア政府ミッションの特別顧問（executive consultant）として同ミッションに参加したことである。これは今里さんが、日本－ブルガリア経済委員会（Japan-Bulgaria Economic Committee）の日本側委員長をしておられたため、私が選ばれたのであろう。元通産事務次官・小松勇五郎氏を団長とし、総合商社の役員数名を副団長とした総勢約70名の大型ミッションであった。私は田中通産大臣（当時）から直接辞令を手渡され、派遣されていた間は、昼は先方と、夜は団内部で、熱心に討議した（discuss）ので、思い出も多く、その後も知己として親しく付き合って来た人も数人いる。

いま一つは、ジフコフ・ブルガリア第一書記と今里会長の肝いり (good offices) で、1997年5月、ブルガリアの首都ソフィアに、ヴィトシャ・ニューオータニ・ホテル (Vitosha New Ohtani) が完成し、その完成記念が日本-ブルガリア経済委員会の開催に合わせて行われたこと。その際、私は日本人ではただ一人、今里さんに従ってブルガリアの豪華な迎賓館 (guest palace) で、ジフコフ-今里・両巨頭 (both leaders) の通訳を務めた。このホテルの設計は故黒川紀章氏、建設は清水建設、マネジメントはニューオータニが引き受けたが、お陰で私はホテル及び建築に関する知識が、素人離れするぐらい増えると共に、その後もこれらメンバーの一部と気軽にお付き合いしてきた。

1979年夏、私は関連会社である中央自動車工業へ移った。その経緯は別にして、この新会社では経営トップの1人であると共に、それまでの私の知識と経験が買われて海外営業部門も統括することになった。長谷川社長は私を送り出すに当たって「今里会長とも、よく相談したよ」と念を押すように (emphatically) 言われた。同社長は今里さんと私の間柄を知っていたからだ。

この会社を精一杯努力して再建し、また23年間も勤めた。その間、海外営業の最高責任者として、それまで以上に海外出張も多くかつ広く、また付き合う相手も、大きさの相違はあれ、会社のトップクラスが増えてきた。彼らの大部分とは、英語ないしドイツ語で、商談或いは会談していたが、何れも通訳なしに親しく(tete-a-tete)話し合えるので、話が率直且つスムーズに運ぶと共に、商談のまとまるのも割に早く(comparatively speedy)なっていた。たまには中南米のお客さんとスペイン語で懇談出来るのも、和やかな雰囲気(friendly atomosphere)を醸しだれさて良く、これも今里さんのご薫陶(discipline)によるものである。

この間、今里さんとは年に4、5度は親しくお目にかかった。ご自宅へもお伺いしたが、何時でも気持ちよく、また心おきなく(open-heartedly)迎えてくれた。ご自宅の玄関先で失礼するつもりだったのが「一寸位いいではないか」(Must you go?)と部屋に通されて、居合わせていた今右エ門さんと碁をうたされ、大阪に帰れなくなったこともある。中央自動車の再建が割に順調にいき出したころ、今里さんにお目にかかったら、開口一番(He opened his talk with)「平野君、よくやっているなあ」と正にわがことのように喜んでくださった。今里さんは人を遇するのが上手であるし、それも自然に且つスムーズにやれた人だ。

最後に割にゆっくりとお話しできたのは、亡くなられる2年前の12月、喜寿のお祝い (celebration of his 77th birthday) の時だった。私の顔を見るなり、またしても「平野君、良くやっているなあ」と顔をくしゃくしゃにして (crease up his face) 喜んでくれた。


今里さんはよく漢文ないし漢語を使われたので、その通訳にはかなり苦労した。菜根譚もよく引用された。或る時、「以て他山の石とすべし」と言われ、それまで通訳してきた英語に堪能なB氏が〝This shall be the stone of other mountain〟と直訳した。勿論、相手のアメリカ人は何の事だか、さっぱりわからない。それで私は傍から〝Let this be a good lesson to you.〟と手助けしたら、相手は十分理解できたし、喜んでくれた。通訳はその意味を詳しく説明するのが必要な時もあるが、時にはこうした意訳も役に立つ。

今里さんは通訳している時、自らを励ますように、「平野君、今度はしっかり訳してくれよ」と言われたことがあった。私は別にいい加減に (indifferently) 訳したことはないが、訳している間、せっかちの今里さんは、もどかしく感じられたのを知っている。たまには同時通訳 (simultaneous interpretation) をやって誉めて戴いたこともあるが、これは雰囲気によりけりで、やはり逐次通訳 (one after another) の方が、より正確にできることは、間違いあるまい。

今里さんは、お付き合いの極めて広い方であった。そのお陰で、私も前述した以外に、かなり多方面の方がたと知り合いになった。お通夜 (wake) にも、密葬 (cremation) にも、社葬 (funeral sponsored by the company) にも当時の中曽根首相をはじめとして、政財界のお歴々 (distinguished persons) のみならず、文化、芸術、スポーツ等、各界の有名人が参列された。私もお通夜の時は、お堂の中で保利耕輔代議士と昔話にふけったが、密葬の時はテントの中で江上波夫先生とシルクロードの話、ブルガリア展の事なども話し合った。

今里さんは最後まで忙しく立ち動かれた。70歳を超えてなお、キャプテン・システムの開発と実用に先鞭をつけられ（pioneer）、最後は中曽根首相の依頼により、新電電公社発足の準備委員長を務められた。今里さん逝去の報に接して、私ががっくりしていると（My heart was sinking at the news.）、長女が慰めるように言葉をかけてきた。「今里さんはあのお年になっても、人の数倍活躍しておられた。少なくとも人の2倍は長生きしたに値すると思うよ」と。

いま改めて今里さんの心からのご冥福をお祈り申し上げます。
(Now,I will pray for the souls of the late Mr.Hiroki Imazato from the bottom of my heart again.)

付記

今里廣記さんは、私が最も尊敬していた、そして最も親しみを感じていた大先輩のひとりである。会社では恐らく最も怒られた、しかし一方では最も誉められた社員のひとりであろう。こと国際関係に関しては、それまで未知の仕事、新しい難しい仕事は、必ずと言っていいほど、私にぶつつけてこられた。私もそれを知り、力いっぱいやり、かつほとんどやりとおした。いい意味で鍛えられたと思う。

今里さんは、義理人情に厚く、それかといって世界のグローバル化には、たえず神経を使っていた。今里さんについて多少の批判は聞いていたが、私はこの人はとにかく大人《たいじん》だと評価している。

余談

（1）私は若いころ、本社の労働組合委員長をやったことがある。その際、組合の機関誌として『大秋』なるものを編纂した。その中に、私が小論を載せ、シュンペーターの『資本主義、社会主義、民主主義』を原文で通読した印象を述べ、「民主主義は最善の策ではない。欠陥も多い。しかし、その他の主義に比べれば、やはり民主主義の方がましであり、これを採りたい」と結論した（後で聞いたが、イギリスの元首相・故チャーチル氏もほぼ同意見であったそうだ）。加えて私は「民主主義は平和である」と結んだ。そうした或る日、今里社長から電話があり、「一寸来ないか」といわれる。私は呼ばれるままに社長室へ行ったら、社長はその『大秋』を手に一部を読んでおられた。「平野君、すばらしい論文だね。これでは、その他の委員は君と議論しても歯が立つまい」。誉められたのか、皮肉られたのか。多分前者だと思うが、何れにしても、社長がこんなところまで目を通しておられたことに感心した。

（2）それから暫く経った或る晩、社長から銀座の有名なバーで待ち合わせをおおせつかった。その時刻と場所に行ってみると、中曽根康弘さんが居られた。中曽根さんは、英語で〝I am Mr.Nakasone,Defense Minister〞と自己紹介された。今里さんが、中曽根さんに事前に、私が英語が出来るということを伝えていたようだ。中曽根さんは、当時既に有名な政治家であり、防衛庁長官を務められていた。私に握手の手を差しのべられた時は、いささか緊張気味になった。

今里さんが各界にお顔が広いことは聞き知っていたが、後に総理大臣になる人に、私みたいな一社員を引き合わせてくれたなど、私も随分可愛がられていたものだ。

（3）松前重義さんの場合、紹介と言ったものではなかった。今里さんはただ『松前さんだよ』と言われただけ。松前さんも、「松前です。よろしく」と言われた。身体の大きな、顔面に筋の通った紳士という印象を受けた。この方が東海大学総長とは、後で知って失礼したと恥いった。同氏は大東亜戦争に反対し、東条首相によって2等兵として南方戦線に送られたという。戦後、逓信省総裁を経て、衆議院議員に6期在任された。

『欅《けやき》と私』と題する随筆集を戴いたが、ご本人の教養の豊かさが感じられた。今里さんのお顔の広さを感じるとともに、私も幸せであった。

(4) アメリカ・トリントン社のボブ・リード社長、同社イギリスのフランク・ウッド副社長が来日した。今里社長と基本的な会談をするのが目的であったが、どうした行き違いからかアポイントが取れていない。やむを得ず私が2日間代わりにおつきあいした。

1日目は小金井カントリーで、2日目は歌舞伎座で。両方とも今里さんのお顔を利用した。リードさんは、ハンディ3でゴルフが上手なことは知っていたが、さすが名ゴルファーであり、並みいる人たちも感嘆の声をあげていた。しかも使っていたクラブは初心者用の私の物。1番コースで林を超えて先ずバーディ。深いバンカーからでも、とにかくホールを狙っていた。

歌舞伎座では、忠臣蔵の浅野内匠頭の切腹の場面。30分位かかった。リードさんは「何故あんなに時間がかかるのか」不思議がって私に尋ねた。「人が自殺するのだもの」と答えたが、当たっていたか?

本番の討議に入った。私は担当ではなかったが、前後のいきさつから、臨時に通訳として参加させられた。珍しく最初の半分ぐらい同時通訳をやった。両首脳が今後のあり方を決める大事な話し合いであったが、2人とも私を信頼していただけに、難しい問題も何とかスムーズに進んだ。終わりになって お2人が握手すると共に私に対しても握手の手を差しのべてくれた。お2人とも立派なリーダーであったし、その後も両社の関係がスムーズに進んだのには、私も幸福であった。

（5）今里社長の実家は長崎の醸造家である。「六十余洲」という銘柄だ。私は若い頃は日本酒党であり、また良く飲んだ。社長の自宅で、かなり飲んで帰りに1本貰って今度はちびりちびりやった。旨かった。私は今里さんのそうしたご厚意に甘えていたようだ。

（6）大阪の関連会社のトップになってからも、今里さんは時々電話をかけてこられた。「傍に誰もいないだろうね？ 実は新しいグループのホテル建設の話があるんだ。よければ、君も経営に参加するか？ 考えておいてくれ」などと。私がこの新会社の再建に当たっていることは、今里さんは十分御承知の筈だが、それでも、まだ別に何か出来るだろうことを、今里さんは私に期待していたからだ。このホテル建設の新事業は、相当魅力的な課題であったが、婉曲にお断りした。今里さんは、私の事を新入社員の若い頃から、代表取締役の重責になったころまで、わが仲間として気軽に遇してくれたのだ。あり難かった

色々想い出してみると、有り難さと懐かしさに涙がでてくる。

3人の宰相

私は第2次大戦後、3人の名だたる外国の宰相にお会いし、親しく会談するか、直に陪席する機会に恵まれた。アルゼンチンのファン・ペロン大統領、旧ソ連のニキータ・フルシチョフ、そしてブルガリアのトドル・ジフコフ第一書記である。お会いした当時は、3人とも一国の〝専制〟君主であり、正に飛ぶ鳥を落とす勢いであった。私は1952年に初めて海外出張に出して貰ったが、それは戦後わが日本精工の社員としては、第1号であった。その頃は朝鮮戦争の特需景気も未だベアリング産業にまでは及んでおらず、「この際思い切った海外市場の開拓を」と勇躍、その途についた。

この第1回の出張は、アメリカ及び中南米であったが、アルゼンチンではプラント輸出の案件があり、外資に対する保護やインセンティブの付与、それに作業員の能率や賃金、また材料や治工具の調達可能性等、法的、経済的に実地調査と検討をする必要があった。それらは1カ月半に亘って精力的に行ったが、合間をぬってスペイン語を実践的に勉強することが出来た。

二度目の南米出張は、プラント輸出の交渉という目標がはっきりしており、また始めから、アルゼンチン国家の最高首脳に会ってまで目的を遂行しようと決心していたから、その頃の私は相当豪の者であったのであろう。

ペロン閣下との会談は、早朝7時半ごろ、閣議の始まる前に行われた。当面の交渉相手であったヴァスケス・イグレシアス氏が強力なペロニストであったせいもあり、豪華な官邸に通された。他の関係大臣も列席していたが、私は先ず用意してきた七宝の花瓶を、おみやげに手渡した。そしてベアリングのプラント輸出について、それまでの経緯を手みじかに説明し、このプラント建設がアルゼンチン国家の発展に大いに役立つことは疑いなく、その実現について是非ご支援賜りたしと、片言のスペイン語で申し出た。ペロン閣下は先ず「遥かかなたの日本からようこそおいで下さった。心から歓迎します」とゆっくりしたスペイン語で寧ろ私を労うかの如く話し始め、アルゼンチンはいま工業化の道を進んでいること、そのためには日ア両国は互いに手をとりあって行きたいこと、ベアリング工場の建設は、この目的にふさわしいものであろうこと等、淡々として語ってくれた。そして傍らの所管大臣に向かって本件に関する協力とその実現に努力を惜しまないよう指示された。

私が一国の最高首脳に会ったのは、これが初めてであった。ペロン大統領は当時58歳、目もと口もとのきりりと締まった大柄の偉丈夫であり、広い国土に君臨する専制者然とした感じが強かったが、私にとっては何となく親しみが感じられた。

このプラント輸出は、その後の環境の変化で成功しなかったが、ペロン大統領との会見は若い私の脳裏に刻み込まれ、今なお深く印象に残っている。同大統領はその2年後、教会、軍部、および、かつての支持者である労働者と敵対して失脚し、亡命する。しかし1973年、意気揚々として帰国して大統領に返り咲くが、翌年他界された。

ついでに1996年に映画化されたエビータは、同大統領の2度目の妻である。1945年に結婚するまでは、ラジオの声優、映画女優であった。ペロン政権においては絶大な影響力を持ち、その大黒柱であったし、特に労働者階級から、圧倒的支持を得て、そのマドンナであった。私が同国を訪問した頃、彼女は既に死亡していたが、その時なおエビータの名前は有名であり、当時の大小郵便切手は彼女の写真で埋められていた。死後、遺体は盗まれてヨーロッパに持ち去られ、1976年までどこにあるかさえ判らないままであった。

フルシチョフ首相との会見は、1962年の夏であった。それは河合良成氏（当時小松製作所社長）を団長とする戦後第1回目の訪ソ視察団に随行した時だ。始めはわが社の今里廣記社長も行かれる予定であったが、よんどころない急用ができたので、急きょ私が団に随行することになった。私は兎に角、ソ連という未知の社会主義大国において、理想と現実がどうマッチしているかを見聞することに、一種異様な興味を覚えながら参加した。このミッションは当時としては正に大物揃いであり団員の中には次のような大先輩がずらりと並び、その後も御指導とお付き合い下さった方々もいた。

土光敏夫　石川島播磨重工業社長
松原与三松　日立造船社長
大屋晋三　帝人社長

（ＡＢＣ順　肩書は当時のもの）

このミッションでは、シベリアを中心にソ連経済の一部をありのままに見聞することが出来たが、そのフィナーレを飾ることになったのが、ヤルタでのフルシチョフ首相との会談であった。以下当時の私のメモからいささか抜粋してみる。

ホテルからクリミヤ半島をよぎり、約30分のドライブの後、首相の別荘に着いた。ごく通常の門の前で車を降りて２００メートルばかり歩いたころか、首相が3人のお付きの者と共に庭の中から現れ、にこやかに我々一行を迎えてくれた。それから、これまた簡素な応接間に入り、約2時間にわたって会談がたんたんとして行われた。

会談は大体、河合団長が質問してフルシチョフ首相がこれに答える形をとったが、同首相の話しぶりは、正に談論風発といった調子で何時尽きるとも判らない位であった。

あのずんぐりした大きな頭に、ずんぐりした目を輝かせながら、非常にユーモラスな口調で話をし、時にウィットを交え、また得意の古い寓話を持ち出したりした。然し、さすがに理路整然として、いかにも回転の速い頭の良さを思わせるものがあり、時に田舎の好好爺を彷彿させたかと思うと、すぐさま大国の首相に戻る姿は、さすがであった。

次の会話は私にとって忘れ難いものとなった。

フルシチョフ：皆さんが来られるとき、アメリカは行くのを取りやめるよう言ってきたでしょう。この事は池田首相が一番よく知っている筈だ、私もよく知っている。

河合：フルシチョフさん、貴方はその時、東京にいたのですか。

フルシチョフ：私はモスクワにいた。しかし、今のように宇宙に飛べるような時代だと、誰が何処で内緒話しても、私にはよくわかるよ。

フルシチョフ首相は、1956年の第20回党大会で秘密報告を行ってスターリンの圧政を批判した。それがきっかけとなって、東欧でも自由を求める動きが広まり、ハンガリー動乱へと発展した。

1959年に同首相はアイゼンハウアー大統領の招きで米国を訪問し、国連総会に出席して靴で机を叩いてヤジを飛ばすなど道化をやってみせた。62年、カストロ革命政権を支援するとの名目でキューバに中距離ミサイルを持ちこもうとしてケネディ米大統領からキューバに向かうソ連船の停止命令をつきつけられた。同氏の行動は粗野で矛盾に満ちていたが、愛嬌があり、人間味を感じさせるものがあった。

64年、彼が黒海沿岸の保養地にいた時、モスクワに連れ戻され、ブレジネフ氏らによって解任された。爾来、モスクワ西部の郊外にあるジュコフカ村の別荘で年金生活を送るただの老人にされてしまった。

同氏の葬儀について、元NHK小林和男氏の言葉を引用させて貰うと、

「この日はうすら寒く、どんよりと曇った朝だった。私は夜明け前に墓地に入り込んだ。――墓地の一番はずれに既に墓穴が掘ってあった。少しずつ人が集まってきたが、その数は少ない。――村のブラスバンドを入れても、総勢30人にもならなかっただろう。

花輪は4本。閣僚会議名のもの1本。――一時期世界を動かした男の葬儀がこんなに寂しいものなのか。共産主義政治の非情さがまるで私自身が冷たい仕打ちを受けたかのように感じられた――。

トドル・ジフコフ・ブルガリア第一書記との会談は、1979年5月、ブルガリアの首都ソフィアにヴィトシャ・ニューオータニ・ホテルが完成し、その記念式典が行われた時のことである。このホテルはジフコフ第一書記と今里廣記・日本ブルガリア経済委員会・日本側委員長との肝いりで建設の運びとなったが、その際、私は日本側ではただ1人今里さんに従ってブルガリアの豪華な迎賓館で、ジフコフ－今里両巨頭会談の通訳を務めることになった。この会談に先方はドイノフ、ルカノフという2人の名だたる党中央委員（当時）が同席したが、両者とも私とは日頃から顔見知りの仲であった。

今里さんは当時、日本精工の会長であり、私は同社の取締役で海外関係を受け持っていたこともあり、日ブ経済委員会には良く出席して会の運営や効果を上げるための方法について協議に参画した。今里さんは、人から頼まれれば余程の事がない限り快く引き受け、引き受けたからには、その目的を達成するまで十分力を尽くす人であった。

ブルガリアは社会主義国家としてソ連の優等生であったが、その地盤を着々と築き上げたのは他ならぬジフコフ第一書記なのだ。同氏はブルガリアが生き残り、そして発展していくには、いかなる道を採るべきか、その地理的歴史的背景と世界の大勢から、身をもって認識し実行した。共産主義国家の元首として威厳を十分に備え、目はらんらんと光っており、如何にも昔日の革命の闘士を思わせるものがあった。然し、自国の発展のためには経済問題がいかに重要であるかは十分心得ており、今里会長の話に時に質問し、時に相槌を打ちながら熱心に討議を繰り返した。会談は日本からブルガリア向け借款供与、プラント輸出を含む各種技術協力、両国の文化交流等、多岐に亘り、その時出た話題の中で今日実現されたものもかなりある。今里さんは勿論、政治の面にも明るく、この時米ソ関係についても相当突っ込んだ意見が交わされた。

ジフコフさんは1989年、改革主義者のペタル・ムラデノフ氏による委員会室クーデターで追われ、党からも除名されて自宅監禁となった。その容疑は縁故採用、贈収賄、独裁権乱用などで、92年に有罪となり、禁固7年の判決を受けた。こういうこともあり得たと思うが、私にとっては身近かに感じた威厳ある首相であった。

ペロン大統領と会談した時は、私は大卒後入社4年目の平社員、フルシチョフ首相との会談に同席した時は、かなりベテランの係長、そしてジフコフ－今里会談の通訳を務めた時は、取締役であった。その間、そしてその後、いわゆる会社人生活を終えるまで半世紀余りになったが、そのほとんど全てを国際関係の仕事に従ってきた。ペロン大統領との会談は仕事が絡んでいたが、たまには仕事を抜きにして一国の元首と親しく会談する、或いは会談に陪席するのは、生涯忘れがたい経験、否一種の資産になるとつくづく感じた。

なお、ジフコフさんとの想い出については、別項「今里さんと私」を参照ください。

アジアの二つの結婚式に参列して

1. 台湾の李さん

台湾の大慶貿易の李亭珪董事長とは30年近い付き合いだ。その頃はわたしどもにとって同社は海外の一大得意先であったし、お互いに両国の間を往来し、仕事のことも仕事以外のことも気軽に話し合える仲になっていた。

或る日の事、李さんは台湾名物のパイナップル菓子を手に、いつもの如く私の部屋にひょこっと現れた。次男の宗眠君が日本語の先生をしている女性と結婚したいと言う。台湾で結婚式も披露宴もやるのだが、出来れば来てくれないか、何なら、奥さんもどうぞと言う。李さんとは親しい間柄になっている上に、先方はわが社の一大得意先である。それに宗眠君もまんざら知らない仲ではない。そこから披露宴に来てくれと言われては、そんな遠いところでもなく、また他に仕事もある、家内もまだ一度も台湾に行ったことがないし、いいチャンスだと喜んで出席することにした。

さて行くからには、何か挨拶を頼まれるかもしれない。台湾では、年配の人は割と日本語を解するが、一般的には通じ難い。ここはひとつ、北京官話（清朝時代から公用語となった北京語）でやってみようと、会社で中国語に堪能なS君に依頼し、私が英語で作った文を中国語訳して貰い、暗記するまで勉強した。泊まるホテルは李さんにアレンジして貰い、結婚式および披露宴場となるグランド・ホテル（円山大飯店）にした。このホテルは戦前、台湾が日本の領土であった頃、台湾総督府があった格式あるホテルだが、今は内も外も見違える位に改装され、遠くからでも際立って見える。街中からかなり離れているのがいささか不便であるが、催し物をするには第一である。

その日の午前中、仕事に出かけ、著名な電機メーカーの張社長を訪問した。会談の半ばで今回の訪台の経緯を話したら、張さんは「平野さん、貴方はどうも誤解しているようだ。今日は貴方は主賓としてではなく、媒酌人だろうと思います。それをすぐ確かめるようお勧めします」と言う。李さんはそんなことは何も言っていない。しかし、宿泊ホテル、結婚式場、披露宴の場所、奥さんもどうぞと言われた一連のことから判断すると、或いは張さんの言われることが正しいのかも知れない。機を見てこの点確かめることにし、早々にホテルへ引き返した。

結婚式には家内も一緒に参列した。内輪だけの20～30人ぐらいだったが、新郎の父の友人として皆の仲間の1人となった。それから度々行ったことのある李さんの自宅へ皆でぞろぞろ出かけた。祖先に結婚したことを報告するのだ。内輪だけで暫し和やかな時を過ごしたが、李さんはみなさんの対応で忙しく、媒酌人云々の事は話す暇がなかった。

夕刻、改めて円山大飯店に戻って披露宴に移った。受付へ行ったら、家内と共に主賓席へ通された。舞台に一番近い最前列の席で7～8人いた。家内と共に一応の礼装は用意していたが、私は別に大きな花飾りをつけられた。同じ席の傍の紳士から名刺を渡され、「今日は私が貴方の通訳を務めるよう言われていますので、大体どういうことを話されるのか聞かせて下さい」と言う。「いや中国語で挨拶すべく用意してきましたので、片言ですが、それでやりますから」と答え、内容を手短かに話した。すると同氏は、「それは新郎の事だけになって居ます。貴方は今日は媒酌人ですから、新婦の事も言って下さい」との返事。やはりそうだったのか？　それで、その場で、新婦について私の話したいことをかいつまんで伝え、中国語に訳して貰った。

披露宴が始まった。先ず新郎、新婦と共に、私ともう1人の媒酌人（財政部の重鎮でT局長）が舞台に上がって行く。前の大きな机の上に、新郎、新婦の名前が書いてあり、その両側にわたしども2人が署名すべく空欄があり、印鑑まで用意されている。先にT氏が右側に署名捺印し、左側に私が同様署名捺印した。それからT氏が10分ぐらい挨拶。今度は私の番だ。私は李さんとのこれまでの公私に亘る種々の間柄、新郎、新婦の出会いを述べ、御2人が新しい幸福な家庭を築かれるよう、またたまには苦しいことも起きようが、お互いに我慢して克服されるよう、習い覚えたばかりの北京官話でゆっくりと話した。スピーチを終えたら、正に割れるような拍手があり、席に戻ったら先ず家内が「良かったですね」とすなおに喜んでくれた。また永年の友人である陳光源さんも披露宴に招かれていたが、彼も遠くから走ってやってきて、「平野さん、北京官話であんなに旨く挨拶されるなんて、すばらしかったですよ」と、白ワインを傾けながら、一緒にはしゃいでくれた。

後で李さんに「媒酌人なら始めからそう言ってくれなければ困るではありませんか」と苦笑しながら話したら、李さんは「始めからその積りでいたのですが、媒酌人と言う言葉を知らなかったので失礼しました。でも平野さんなら、その場で何でもできるということを知っていましたので、お陰でうまくいきました。しかし、まさか中国語でやるとはさすがだと感心しました」と笑顔で応じてくれた。それから、仕事の面でも、個人的にも、益々スムーズに進んだことは言うまでもない。これも今からすれば、海外生活の珍しくも、また面白い体験になっている。

なおその後、日本で新婦の洋子さんの故郷、長岡で改めて結婚披露宴が行われ、今度は私ども夫妻が始めから媒酌人として、日本式に宴を催した。当然、台湾から李さん御夫妻、その他親戚の方々も参列して下さった。

2. フィリピンのラオさん

フィリピンのチャン・ラム社の結婚披露宴および同社の創立40周年記念パーティ

に出席すべく出かけた。フィリピンには、このところ3、4年出張していなかったこと、同社のラオ社長は永年の友人であり、かつその前年の当社の用品市に同氏が出席してテープカットしてくれていたこと、また今回は特別の招待状と共に電話があり、日本からの仕入先代表として挨拶してくれとの要請もあったので、進んで先方の招待に応じた。

結婚するエリック氏は、ラオ社長の甥であること、将来の後継者であることも聞いた。また披露宴のスピーチと言っても5、6分で良いからと言うので、快く引き受けた。

1990年末チャン・ラム社の結婚式であいさつ

アジアでは、日本を含めて御祝い品、特にお金を持っていく習慣があるが、今回は日本からの仕入先代表ということもあり、同業他社の情報を集めたところ、1社当たり3万円プラス1人追加するごとに1万円と言うので、それに合わせた。

披露宴は、センチュリー・パークシェラトン・ホテルで行われた。全日空系の5スター・ホテルである。30分前に行ったのであるが、もうほとんど一杯で、50〜60人はいたであろうか。私の席はかなり奥の方で、介添えのラオ氏の近くであり、同じテーブルには日本からの年輩の人で半分は顔見知りであった。

私どもは同社とは永年の、かつ大口の取引関係にあったが、同社がこんなに多くの日本の会社と付き合っていたとは、ついぞ知らなかった。もっとも、私の傍に座っていたご夫妻によれば、昔はかなり多く取り引きしていたが、今はほとんどないとのこと。東南アジアの人はかなり昔の関係を重んじるのだ。

スピーチは短くしてと言われたから、「こんなに多くの人に御祝いして貰っていますからには、楽しい新婚旅行と新婚生活をエンジョイされると共に、会社の益々のご発展を心からご期待申し上げます」と多少のユーモアを交えて話したら、ラオ社長が走ってきて私の手をとって、「誠に素晴らしいスピーチだった。もっと長くやってもらいたかった位だ」と喜んでくれた。フィリピンの同業者もかなり大勢来ていたが、みな私の所へやってきて異口同音に手をとりあってくれた。披露宴には、日本では一寸見られないくらい、招かれた人達が動き回って乾杯し、かつ話し合っていた。特にラオ氏は、私のところへは、いつもの笑顔で数回話にやってきては、「有難う」を連発してくれたし、他の参加者のところへも、忙しく立ちまわっていた。

翌日は同社の40周年記念ということで、大勢がゴルフ大会に出かけた。私はこの国は数年ぶりの訪問なので、ラオ氏に断って他の得意先との面談に出かけたが、出かける前にラオ氏はホテルに現れ、前日の謝礼を繰り返し述べてくれた。

その日の夕方は、ゴルフ大会の報告と授賞式を兼ねて、和やかな記念パーティが行われた。私も手短かな御祝いのスピーチをすると共に他の人よりも大きな参加賞を貰った。私も以前プレーしたことのあるゴルフ場から、えらく早く帰って来たなと思ったら、ラオ氏が当局に旨くアレンジして、流れをスムーズにしてくれたのだそうだ。ラオ氏はこうした面でも気配りが良い。気配りが、仕事を進めることと同様、力を発揮してくれる。

追記。私は2003年6月、当社の定時株主総会で、私自身の意思で、代表取締役会長を辞任することになった。その前月、東南アジアの重要得意先に挨拶方々今後のことを宜しく依頼すべく出張した。当然、ラオ社長の所へも行ったが、同氏は「昼食でも食べながら、ゆっくり話をしよう」と切り出し、既に予約してあったらしい、私もよく知っている一流のレストランへ伴い、眺望豊かな席で1時間余り、懐古談に花を咲かせながら、楽しく話し合った。

追記

（1）私は1949年（昭和24年）に大学を卒業したが、その半年から10カ月前には、就職試験に立ち回らなければならなかった。軍隊生活の名残で、マレー半島はジョホールバルに、抑留されていたため（と言っても、その間実地に英語の勉強ないし通訳をしていて、私のその後の人生には役立ったが）、大学に復帰した時には、同級生の3分の1ぐらいは既に就職が決まっていた。

私の遠い親戚に、当時の日銀法王と呼ばれた一万田尚登さんが居た。同氏のつてを求めて、日銀を受験したが、口頭試問の際、何らかの説明を受けて復金（復興金融金庫）に回るようアドバイスされた。

若い頃のこととて、そんな暫定的な機関に行きたくないとの思いで、郷里の大先輩である笹山忠夫さんにアプローチし、何処か紹介して下さいと頼みに行った。笹山さんは、当時持株会社整理委員会委員長の重職を務めて居られたが、言下に「藤一郎君、君は東大法学部の現役の学生なんだよ。それが就職口を世話してくれなんて、とんでもない。自分で将来を託せる先を探して、受験しなさい。通ったら、後でその幹部に紹介してあげる」と言われた。笹山さんのお顔を見ていたら、如何にも威厳のある、それでいて品のある、そして一面、親しみ深そうで、それに言われることはもっともなことだったので、「そう致します」と答えて引き下がった。

その後、正式に日本精工を受けて無事合格し、その旨笹山さんに報告に行ったら、早速同社の今里廣記社長宛て、紹介状を書いてくれた。笹山さんは、その後アラスカパルプの社長をされ、また海外事業協会の会長も務められた。笹山さんは財界の大物で権威ある人、しかも権威ぶっておらず、すっきりした正しい言動を示してくれた初めての方であった。その後も2、3度お目にかかり、私の結婚式にも参列してくれたが、偉い、しかし偉ぶらない偉人であった

（2）土光敏夫さんに初めてお目にかかったのは、1962年の夏、日本から第2次大戦後始めて、訪ソ視察団が出た時である。この視察団は、河合良成氏（当時、小松製作所社長）を団長とし、産業界の大物を団員とする、文字通り大型のものであったが　私は種々の経緯からこのミッションに随行することになった。
或る晩、我々ミッションで懇親のパーティが開かれた。ロシアで有名な生ハム、スモークトサーモン、キャビアの類に特別クラスのウォッカや、ビアチェーサー。数日間、社会主義国のいささか緊張した雰囲気で過ごしたことも手伝い、皆ほろ酔

い機嫌で誰彼なしに賑わい、かつグラスを口に運んでいる。すると暫くしているうちに、ある坊主頭の大男が大声を上げながら、仲間の、日頃で言えば、会社のトップ連中を殴り出した。何が起きたのか、その殴られた人達が「土光が暴れ出した」と騒ぎだし、右往左往している。土光さんとは、私にとっては雲の上の人と思っていたので、私自身何だか異様な雰囲気に包まれ、早々にその場を引き上げた。

翌朝、朝食を食べはじめた時に土光さんが現れ、昨晩声を上げて殴った人達に、「昨夜はついつい酒に酔って、誠に失礼しました」と謝って回っている。私の所までやって来られた。私はどうも腑に落ちないので、小さな声で、「土光先輩、昨晩はどうされたのですか？」と尋ねた。土光さんは私の傍の椅子に座り、ぎょろりと私の顔を見ながら、「平野君、殴る哲学もあるのだよ」と、声をひそめながら、寧ろ微笑んだ顔をされた。何でも、仲間の、何れも会社のトップ同士で話し合ったことを、ソ連側との交渉の時に裏切られたらしい。交渉の事前に何を話されたのか、その時は聞くすべもなかったし、その後も聞かなかったが、いささか涙をためたような顔を、私のごとき若僧に向けて話しかけられたのを見て、「良くも悪くも、とにかくこの人は、前向きの誠意のあるひとだ」と感じたその後、不思議なことに、何度か土光さんとパーティでお目にかかった。ご承知のように、土光さんは、その2年後、東芝（東京芝浦電気）の社長に迎えられ、その後更に経済団体連合会の第4代会長を務められた。私どもの今里社長よりは、年齢も経歴もかなり先輩であったが、あのソ連視察団にお伴してからは、私のことを平野君とは言わずに、「おい平野」と呼び捨てにされていた。

土光さんの石川島播磨重工業は、つとにブラジルに進出し、石川島ブラジル（イシブラス）が設立されていた。私も日本精工のブラジル向け工場進出を志し、一から始めて何とか物にした。土光さんは元々、個人的にもブラジルの大地ではたを耕しながら、第2の人生を送ることを夢見ていたそうだ。これも何らかの縁なのだろう。

「メザシの土光さん」と言われるぐらい、土光さんは横浜市鶴見区の小さな家で質素な生活をしておられた。土光さんにお伺いしたら、「外では昼も夜も、カロリーの多い物が出る。せめて自宅だけでも胃を休めなくては」と笑っておられた。否、土光さんは「個人は質素に、社会は豊かに」をモットーとし、「暮らしは低く、思いは高く」を貫いていたのだ。土光さんは、石播の社長のあたりまでは、バスと国電（いまのＪＲ）で通勤していたそうだ。

土光さんの最も好きな言葉は、中国の古典『大学』伝二章にある「誠に日に新たに、日々に新たに、また日に新たなり」であった。この言葉は私も拳拳服膺している素晴らしいものであり、土光さんの考えや行動を如実に示すようだ。

（３）郷司浩平さんは、経済同友会事務局長をやられ、日本生産性本部の専務理事から会長も務められた。ご子息の正弘君が日本精工時代の私の部下であったし、家も近かったので、時折ご自宅を訪ねては、謦咳に接するとともに、経済問題を中心とする座談に耽った。郷司さんと話していて、いつも感じたことは、ユーモアにたけて居られることであった。私もアメリカの先ずは一流会社のトップクラスのビジネスマンと何度か話したことがあるが、彼らはビジネスの白熱した間に、思わぬユーモアを出してくる。本文で述べた如く、郷司さんは私の結婚式にも出てくれたが、その時他の挨拶めいた事にはほとんど触れず、「私は秀才となめこ汁はきらいだが、平野君は秀才らしからぬので、日頃楽しくつきあっている」と言われたのが、今でも強く印象に残っている。

郷司さんが勲一等を受章された時、私は招かれるままに、その祝賀会に参加した。郷司さんは手をとって喜んでくれた。その祝賀会で、私も学んだことがある、東大の社会政策の大河内一男教授が挨拶され、「日本の受章は官に厚く、民に薄くなっている。郷司さんは民でも厚く遇された」と。その後すぐ、福田赳夫元総理が立ち上がり、「私は勲四等しか貰っていない。郷司さんは、さすがに偉いんだなあ」と半ば真面目に笑みを浮かべて話されたことを、今でも強く想い出す。

(4) 話のついでに、失礼ながら、私の身内2人について一寸触れてみたい。

1人は義父の瀬川恒雄。大和証券の副社長、その後、大和投資信託委託の社長をやった。売った、買ったで生馬の目を抜くような姿は、ほとんど見られなった。然し、情報の収集と活用はさすがであった。或る時多角化の一環として、糖蜜の取引について触れてみたら、偉く詳しい説明をされ、「その世界は藤一郎さんの出るところではあるまい」と断言された。今ひとつ。私の会社における言動が、会社の為を思ってであるが、かなり激しかった様だ。それが瀬川の耳にも入ってきていたようだが、日頃は黙っていた。私とはよく囲碁を打っていたが、2、3目は置かされた。或る時、じっくりと考えて大石をとりに行った。いけると思ったが、最後に逆転された。瀬川は言った。「藤一郎さん、勇み足も、負けは負けなんですよ」と。会社における私の言動を気づかうようなことばであった。

もう1人は私の実父。平野国松。別府市で何度も市会議員をやり、市会議長も務めた。消防団長もやり、いわば地方の名士であった。感心するのは、自らは高等小学校しか出ていないのに、息子2人は東京の大学、娘2人も東京と大阪の専門学校に行かせた。家はいわば地方の中産階級であった。１９４３年頃、私と弟と妹が一緒に家を離れて大都市での学業。生活費も苦しかったであろう。後で、土地を売ったとのことを耳にした。感謝している。

私の東大卒業式に際して、父親は遥か別府から上京してきた。その後、ちょっとしたパーテイが開かれたが、法学の我妻栄教授も参加された。父親を引き合わせたら、うれし涙を浮かべながら、おいしそうに生ビールを飲んでいた。

今回、私は紙数の関係もあり、大部分を日本精工時代に絞って書いた。然し、その後23年間、大阪に本社のある中央自動車工業に勤めた。その一部は本文にも『アフターマーケットでの商社活動』で触れたが、今やれっきとした大証二部の上場会社である。

　私はこの会社で15年間、代表取締役副社長、乃至代表取締役会長として、現実に会社経営の任に当たると共に、海外営業本部長も兼任した。

　同社は、主として自動車部品、用品をアフターマーケットで取り扱う専門商社である。私は、それまで30年間、ベアリングの国際事業に従ってきただけに、またベアリングは、自動車部品の最たるものであるだけに、赴任の翌日から具体的に海外営業にタッチすることができた。ただ同社をさらに向上するためには、特に海外で、私の知識と経験を大きく、かつオーソドックスに活かす必要がある。種々苦慮し、かつ勉強もし、あるべき姿に向けて部下を説き伏せ、また自ら先頭に立って行動した。時を同じくして大銀行から来られた、現社長の福辻道夫氏も、私以上に考え込み、日夜、関係幹部と話し合い、改善に向かって努力したことである。

　運もよかったが、お陰で海外営業については、あまり年月を置かずに軌道修正が行われ、年数億円の利益が得られることになった。これには勿論、社長始め関係幹部、また部下たちの協力があったからである。

更に、福辻現社長の目指す開発型企業への前進、同社開発のオリジナル商品の提案と拡販が軌道に乗り、会社の柱になっていることは喜ばしく、高く評価している。

私はこの23年間、単身赴任で過ごした。途中で、そんな無理をしなくてもとは思ったが、やりかけたことは、中途半端で辞めたくなかった。家内や娘たちには済まないと思いながらも、何とか了解して貰った。

以上に照らし、近い時期に、出来ればその頃の事を小編にまとめ、読者のご参考に供したく、思っている。

あとがき

『本稿』は、メーカー時代を中心に、かなり多くのスペースをとった。しかし、その後、20数年間、専門商社のトップの一人として経営した。従って、この時代の活動乃至想い出を、早い時期に『続編』として編集して、読者のご参考に供したいと思っている。

この本を書いている時に、どうも気になった。さる3月15日早朝、東京電力福島の原子力発電所で大爆発音が発生し、放射性物質が流れ出したことだ。

東京電力には、私の最も尊敬する経営者の方々が居た。そのようなご立派な方々の会社で、このような事故が起きるとは恐ろしいことである。その後の種々の情報によると、福島の現場責任者は、当該発電所は構築後、既に40年を経ており、地震や津波に対する危険性を本社幹部に度々報告していたそうだ。本社では、そのような報告を受けていたそうだが、建て替えや発電中止には、相当の費用がかかることと、また電力供給に支障を来す故、まだ大丈夫だろうと、いわば現場の声を無視していたことになっていたという。

何か他に理由があるのかも知れないが、これが事実ならば、遺憾なことである。

大会社にありがちなことではあるが、現場を知らない、ないし現場の声を採り上げないことは、経営の任に当たるものとしては、残念ながら失格と言われてもやむを得まい。

私は前述の如く、半世紀余り、会社人生活（うち半分近くは最高幹部）を送ったが、後になるに従って『走りながら考える、考えながら走る』ことが多くなった。今の如く、世界がグローバル化してくると、『スピードを上げて経営する、しかし効果的に経営するには、情報の収集と活用、現場主義、速やかな判断と実行が必要』だからである。今でも、こうせざるを得なかったと思っている。

さてこの本を書くに当たって、財界研究所の村田博文社長に相談した。同社長は永年の知己であり、尊敬する友人であるが、快く引き受けてくれると共に、適当なアドバイスも戴いた。同社の編集委員・畑山崇浩さん、また坂口英明さんには、種々連絡をとってもらった。この紙面を通じて御礼申し上げる。

この本が、読者のなんらかの参考になれば幸いです。

平成23年9月吉日

平野藤一郎

平野　藤一郎（ひらの・とういちろう）

大正13年生まれ。大分県別府市出身。昭和24年東京大学法学部卒業後、日本精工入社。ドイツNSK総支配人などを経て51年取締役。54年中央自動車工業専務、62年副社長、平成7年会長。14年同会長辞任。この間関西自動車部品流通センター社長、関西自動車部品輸出協同組合理事長、日本・ブルガリア経済委員会委員などを歴任。現在、中西金属工業最高顧問。

誠意が国を越えて人を動かす

2011年11月3日　第1版第1刷発行

著者　平野藤一郎

発行者　村田博文

発行所　株式会社財界研究所

［住所］〒100-0014　東京都千代田区永田町2-14-3 赤坂東急ビル11階
［電話］03-3581-6771
［ファックス］03-3581-6777
［URL］http://www.zaikai.jp/

印刷・製本　凸版印刷株式会社

ISBN978-4-87932-080-3 定価はカバーに印刷してあります。